컴퓨터 왕초보

Computer Beginners' Workbook

First Edition

Jin Kim | Sun Kim

All-That Corp

COMPUTER BEGINNER'S WORKBOOK: FOR THE COMPUTER ILLITERATE SENIORS OVER 60 – ADULT DAY CARE EDITION FOR KOREANS – INTERNATIONAL EDITION – FIRST EDITION

Published by All-That Corp., 3507 147th Street, Flushing, NY 11354.

ISBN 978-0-99-158740-7

Editor-in-chief: Jin Y Kim
Planner & Editor: Sun K Kim/ Professional Engineer of Korea, Member of IEEE

http://autophp.com

머리말

급격히 발전하는 정보통신(IT, Information Technology) 의 물결 속에서 사회적으로 소외되신 분들이 있다. 한 때 그 분들은 정보통신과 무관한 분야에서 일하시던 분들로 당시에는 IT 가 그리 중요하지 않던 시절이었다.

그러나 오늘날 정보통신 기술이 사회 단체의 각 분야로 전파되면서 얘기는 달라졌다. 이른 아침에 일어나 신문을 펼치던 분들이 줄어들었고, 어떤 선두 그룹에서는 텔레비전을 볼 시간이 없다고 불평 아닌 불평을 한다. 그 분들은 모닝커피 전에 스마트폰을 켜거나 집에 오자마자 컴퓨터를 켜곤 한다.

사회적 지출 증대

컴퓨터 이외 오래된 다른 매체들이 매일 사라져 간다. 이로 인해 정보통신 아웃사이더들이 경쟁력을 잃어가면서 컴맹자가 소외되는 속도는 점점 빨라져 간다.

적절한 정보통신 교육을 받지 못한 분들에게 고통을 주는 기술 장벽은 점점 높아져 가고, 정보통신 인사이더들은 컴맹이라 불리는 아웃사이더들과 쉽게 어울리려 하지 않는다.

소외되신 분들은 컴퓨터 이용층에 합류하려는 열망을 가지고 있지만 정보통신 내부 상황 파악이 쉽지 않고, 대화 단절을 거치면서 일상의 정보통신 관련 생활을 혼자 해낼 수가 없게 되었다.

예를 들어, 날씨와 교통정보, 쇼핑, 친구 만들기 등의 일상 주요 관심사는 선진 미디어를 통해 쉽게 알 수 있고 상황 파악이 용이하지만, 모두 정보통신(IT) 장치와 밀접하게 연계되어 있다. 따라서 소외계층에 계신 분은 누군가의 도움을 받아야만 하는 입장에 처해 있다.

정보통신 (IT) 때문에 고통받는 시니어 (Seniors)

성인데이케어 센터의 컴퓨터 교실에서, 좋은 컴퓨터 교재를 묻는 질문을 시니어들로부터 많이 받았다. 처음에는 컴퓨터 서적이 넘쳐나는 주변 책방을 소개하였으나, 오래지 않아 60 세 이상의 노년층을 대상으로 하는 책이 별로 없음을 알게 되었다.

열망의 눈빛을 가지고 연습에 임하는분들조차, 책 내용이 너무 간결해서 이해를 못하거나 너무 장황하여 핵심을 놓치는 모습을 많이 보게 된다. 대부분의 교재는 젊은이나 60 세 미만의 성인을 대상으로 한다고 보여지고, 60 세 이상의 노인은 설상가상으로 아래와 같은 특수한 문제까지 안고 있다.

- 침침한 시력
- 난청
- 건망증
- 수전증
- 경제적 한계
- 만성 질환

이런 상황을 볼 때 60 세 이상 노년층을 위한 특수 교육이 필요하며, 전문 교육 과정을 개발하고 다듬을 필요가 있다. 시니어들도 적절한 교육만 받는다면 기술적으로 충분히 자립할 수 있다고 판단되므로 이 책을 통해 일조하고자 한다.

이 워크북의 접근 방식

이 워크북을 만들 때, 글씨를 크게 잡았으며 그림을 많이 넣어 이해가 빠르게 했다. 전후 주제(Topic)간의 난이도 차이를 작게 잡았으며, 시니어에게 어렵게 다가오는 주제들을 설명하는데 충분간 시간을 할애했다. 예를 들어 컴퓨터 마우스나 윈도우 개념, 대화창 (Dialogue Box), 폴더(folder)와 계층구조, 드래깅과 컨텍스트 메뉴 같은 것들이다.

또한 연습할 기회를 충분히 고려했는데, 예를 들면 날씨 정보나 인터넷 검색, 지도, 온라인 쇼핑 뿐 아니라 온라인 커뮤니티 들을 하나씩 방문하면서 독자가 웹서핑 기술에 익숙해지도록 구성했다.

인터넷 서핑에서는 배운걸 활용하는 기회를 드리기 위하여 재밌는 웹사이트 목록을 공개, 이 곳 저 곳 찾아 다니면서 스스로 인터넷에 재미를 붙일 수 있도록 배려했다.

컴퓨터 입문 시 부닥치는 첫 난제는 파일 익스플로러 (윈도우즈 8 의 경우)라고 할 수 있겠다. 이 난제를 극복하기 위하여, 파일 생성 및 삭제, 편집 및 저장, C 드라이브 같은 단위 주제를 먼저 다루면서 서서히 준비했으므로, 파일과 폴더 구조를 이해하는 시간이 충분히 보장될 것이다.

입문자의 마지막 난제는 소프트웨어의 설치라고 할 수 있다. 이를 위하여, 네트웍 개념과 다운로딩(Downloading), 다이알로그와 다운로드 폴더를 사전 주제로 다루면서 접근하기 때문에, 소프트웨어 설치 기법을 정복할 때 최대한 적은 고통으로 넘어 갈 수 있으리라 기대한다.

마지막으로 태블릿 컴퓨터인 삼성 갤럭시 탭을 편성했다. 최근 시니어에게 10.1 인치짜리 태블릿 컴퓨터를 선물하는 가족이 많아졌다. 이 선물을 받은 분들이 기기 설정 (Setting)부터 활용방안을 알고 싶어 하기 때문에, 간단한 소개 과정을 추가하였다.

시니어에게!

필사적으로 컴퓨터 스킬을 배우려 하시는 분은 이 책에서 실마리를 찾을 수 있을 것입니다. 이 책은 교육 교재로 만들어졌지만, 미지의 컴퓨터 세계를 스스로 탐험하고자 하는 분들에게도 유용할 것으로 믿습니다.

아이디어나 의견 등은 이메일 jinkin0704@gmail.com 으로 보내 주십시요. 성공을 빕니다.

진 김 / 편집 총괄

썬 김 / 기획 및 편집

Foreword

I.T. is a big deal today

There are people socially marginalized by the rapidly expanding wave of IT (Information Technology). At one time, they were not technologically related with IT and it was not a big deal in their business.

But nowadays, it matters for IT extends to every corner of society and groups. Many people stopped reading a newspaper at home early in the morning. The leader groups are complaining they do not have a time to watch TV. Instead, they turn on the computer or swipe a smart phone before the morning coffee and after back home.

Increasing Social Expenditure

Day by day, old resources other than computer system are disappearing these days. Therefore the marginalization speeds up because IT outsiders are losing the source of competitiveness.

Persons without adequate IT training are suffered from the technology barrier. As the barrier is getting higher, the IT insiders are getting more reluctant to be with computer illiterates.

The marginalized people cannot understand easily what's going on inside of IT world regardless of desire they have to join the computerized families. They are getting unable to communicate with IT insiders and cannot stand on their foot in terms of IT life.

For instance, weather, traffic status, shopping and friends are major concerns in our daily life. It's easy to get informed and quick to learn the status through modern networks. In practice, however, those networks are tightly coupled with IT equipment. Marginalized persons are just in need of feed.

This phenomena result in the increase of social expenditures.

Seniors suffered from IT

In our computer classes in adult day care centers, many seniors have asked us to look for a good educational material. At first, we advised them to go to bookstores in town because there are abundant books to learn computer skills.

It was not long before we got noticed that there is no book for seniors over 60. Even though most seniors have twinkling eyes in a computer class, we learned, computer textbooks are too concise for seniors to understand the context or too detail to grab the essence.

We believe that most textbooks are targeting youngsters or adults aged fewer than 60. Seniors over 60 have serious problems in computer learning because of

- Dim Sight
- Hearing Impaired
- Absent-minded-ness
- Hand Tremors

- Budget Deficit
- Chronic Disease

Seniors over 60 need a dedicated training curriculum which should be developed and customized for the purpose. If proper training services are given, we believe, seniors may technically support themselves afterward. That's why we decide to write this workbook.

Approaches of This Workbook

In the development of this book, big letters are used and employ pictures to help readers grasp the contents quickly. We spared enough time in the hard-to-seniors topics such as the computer mouse, window concept, the dialogue box, folder & hierarchy, dragging and context menu.

Also the good amount of emphasis was given to the practice sessions. For example, the weather information, Internet search, map and shopping websites to online communities are visited one by one to give a chance to readers to get familiar with web surfing skills

The first & highest threshold to computer world would be the File Explorer in case of Microsoft Windows 8. To get over the target, create/delete/edit/save/C-drive topics are given sequentially as preliminary issues. Seniors may have enough time to understand the file & folder structure.

The final threshold, we believe, is the installation of software. For the target, network concept, downloading, dialogue and download folders are given as prerequisite topics. Seniors could step on the staircase to the installation with a little pain.

As a final course, we include the tablet computer, Samsung Galaxy Tab. Many seniors are given the tablet computer from the beloved. They have asked us the device settings and want to know what to do with it. In this book, the simple preparation steps are given to start to use the tablet.

Seniors!

Seniors seeking desperately the computer skills could find some clue in this book. Written as a teaching material, this workbook may be utilized in self-exploring the unknown world of computer.

Any idea, comments or opinion is welcome at email, jinkim0704@gmail.com. Good luck!

Jin Kim / Editor-in-chief

Sun Kim / Planner, Editor

추천의 글

미국에 살면서 조국 대한민국의 발전상을 보면 누구나 자부심을 느끼게 되고 이민 생활의 자신감으로 연결되는 경우가 많다. 그러나 이에 예외인 경우가 있으니, 바로 컴퓨터 분야의 급속한 기술혁명을 이민자들이 따라가기 힘들다는 점이다.

어느 민족이든 컴퓨터에 대한 관심이 대단해서 신제품을 경쟁적으로 도입하고 기술을 전파하는데 적극적이다. 우리 한인들도 배움에 대한 열망이 대단해서, 어린이부터 노인까지 컴퓨터를 또닥거리지 않는 사람이 드물지만, 나이든 이민자의 애로사항이 한국책을 보고 이해하기 힘들다는 것이다.

한글 서적 관련 정보를 얻기 힘든 것도 이유지만, 한편으로 책 내용이 한국 실정에 맞춰져 있어 미국에 거주하시는 초보자에게는 접근 불가능하거나 실감나지 않는 주제가 많기 때문이다.

이번에 뉴욕주의 시니어 데이케어에서 다년간 컴퓨터 강의를 담당했던 저자들이 미국 거주 한인에게 초점을 두고 컴맹 탈출을 원하는 노인에게 눈높이를 맞춘 교재를 만들었다는 소식을 듣고 살펴보았다.

이 책은 강의 교재로 만들어졌으나, 혼자 읽어도 기초 실력을 닦는데 손색이 없을 뿐 아니라, 노인 대상이기 때문에 컴퓨터가 어렵다는 분들에게도 권할 만한 책 이라고 판단된다. 앞으로 미국 교포를 위한 컴퓨터 서적이 많이 나오길 바라는 마음에서 추천의 글을 드린다.

양인응

공학박사
전 연세대학교 전자공학과 교수 및 공대 학장
전 광운대학교 전파공학과 교수, 부총장

목 차

제 1 장. 왕초보 1

제 2 장. 인터넷 기초 33

제 3 장. 인터넷 활용 71

제 4 장. 윈도우즈 기초 111

그림 목차

Chapter I. Beginners Course

제 1 장. 왕초보

Chapter I. Beginners Course (제 1 장. 왕초보)

왕초보 코스는 컴퓨터 사용경험이 전혀 없는 분을 대상으로 하며, 컴퓨터를 다루는 기본 기능을 익히고 동작 원리를 공부하는 과정이다.

이를 위해 이 과정에서는, 전원을 켜고 끄는 법을 통해 컴퓨터를 안심하고 맡을 수 있는 능력을 배양하며. 컴퓨터 제어의 기본 기능 중 하나인 마우스와 키보드를 배우고 익힌다.

마우스와 키보드는 많은 초심자들이 컴퓨터를 포기하게 만든 주된 원인 중 하나로서, 컴퓨터 사용 중에도 고통 요인으로 손꼽힌다. 이를 극복하기 위하여 본 과정에서는 마우스 연습 게임 7 단계를 통해, 마우스 적응을 유도하는 방법을 사용한다.

이 게임에 의한 교습 방법을 통하면, 정교한 전자제품 사용 경험이 적은 초보자라도 세밀한 조정 능력을 서서히 배양할 수 있으며, 미세한 손떨림 증상이 있는 경우 약 1 주일 이내에 마우스 연습을 마치게 된다. 그러나 심각한 수전증을 가진 사람은 이 방법으로도 마우스 숙달이 불가능하므로, 다른 손을 사용하거나 터치 방식 등으로 전환하여야 한다.

키보드 숙달을 위해서는 영문 타자 연습을 통해 키보드 자판과 친해진다. 기본 글쇠 연습 후 단어 연습, 문장 연습의 3 단계를 거치게 되는데, 분당 60 타, 정확도 90% 정도를 최소 목표로 삼지만 쿼티(QWERTY)키보드 시험에만 합격해도 다음 단계로 진행하는데 지장이 없다.

컴퓨터 사용의 첫단계로는 윈도우즈 탄생의 배경을 이해하여 컴퓨터 사용요령을 숙지하며, 바탕화면과 아이콘, 더블 클릭을 거쳐 프로그램 실행 요령까지 자연스럽게 체득하게 된다.

다음, 윈도우즈 운영체제에서 기본 표현 방식인 윈도우와 그 제어 요령을 배우고 작업표시줄(태스크바)에 대해서 공부한다. 윈도우는 일반적으로 여러개가 한 모니터에 뜨기 때문에 서로 가리거나 다른 아이콘을 가리는 경우가 많다.

여러 윈도우를 이리저리 치우고 크게 만들거나 작게 보는 요령이 숙달되지 않으면 화면 상의 작업이 불편하기 때문에 반드시 왕초보시절에 숙달해야 하는 스킬 중에 하나다.

이 장의 마지막에는 하드웨어와 네트워크에 대해 이론적으로 공부한다. 그동안 익힌 기능 위에 이론을 갖춤으로서, 자신이 다루는 컴퓨터의 위치를 알게 되고 주변 환경에 눈을 뜨게 된다. 이는 다음 과정에서 인터넷이나 주변기기와 접속할 때 필요한 지식의 기초가 된다.

이 장을 마침으로서 왕초보 또는 컴맹이라는 딱지를 떼게 되는 분들에게 미리 축하를 드린다. 지난 1990 년대부터 불기 시작한 "나도 컴퓨터" 시대가 서서히 막을 내리고 다음 단계인 "컴퓨터 필수"시대로 접어들고 있다.

새로운 시대에는 일반인에게도 컴퓨터가 일상화될 것으로 예상되며, 컴맹의 숫자는 더욱 적어질 것이니, 컴맹 탈출의 마지막 열차를 꼭 잡으시기 바란다.

Topic: **1.부팅 (Booting) L-101**		Purpose: 컴퓨터 켜는 것을 이해
Prerequisite: 없음		Memo
사진	 Figure 1 - 데스크탑	 Figure 2 - 랩탑
절차	 Booting →	 Running Figure 3 - 컴퓨터 사용의 절차
요령	전원 버튼을 손가락으로 약 0.5 초간 꾹 누른다.	
확인	1. 본체 앞면에서 빛이 나면서 미세한 기계 돌아가는 소리가 난다. 2. 컴퓨터 모니터가 켜져있으면 부팅화면이 나타난다.	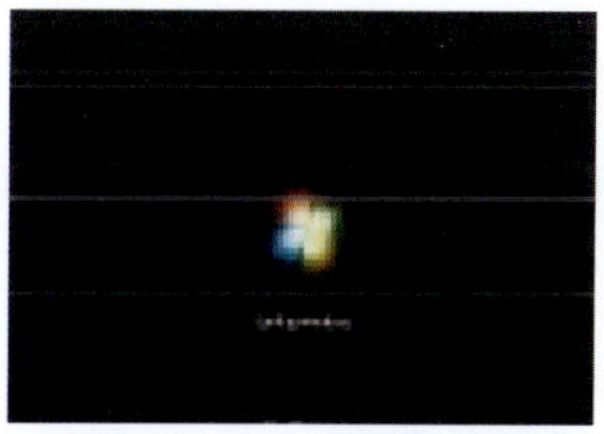 Figure 4 - 부팅 화면
용어	부팅(Booting), 데스크탑, 랩탑, 러닝(Running), 화면, 모니터, 컴퓨터	

Topic: **2.셧 다운 (Shut Down) L-102**	Purpose: 컴퓨터 끄는 것을 이해
Prerequisite: L-101 Booting (부팅)	Memo
사진	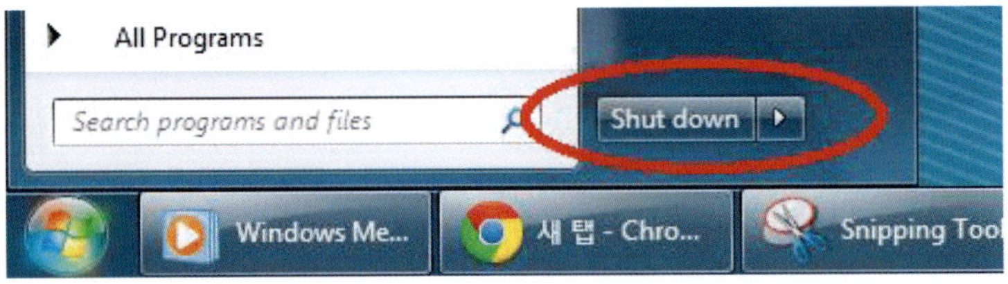 **Figure 5 - 셧다운 버튼의 위치**
절차	 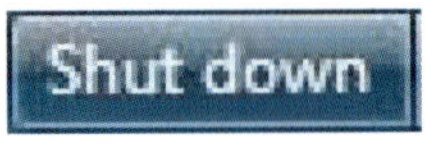 Start → Shutdown **Figure 6 - 셧다운 방법**
요령	스타트 버튼을 클릭한 뒤 셧다운 버튼을 클릭한다
확인	1. 컴퓨터 모니터가 켜져있으면 종료화면이 나타난다. 2. 완전히 종료하면 본체 앞면에 나타나던 빛과 기계음이 사라진다.  **Figure 7 - 셧다운 스크린**
용어	셧다운(shutdown), 버튼(button), 본체, 스크린(screen)

Topic: **3.마우스 구조와 잡는 법(Mouse structure and how to hold) L-105**		Purpose: 구조와 잡는 법을 이해
Prerequisite: L-102 Shut Down (셧 다운)		Memo
구조	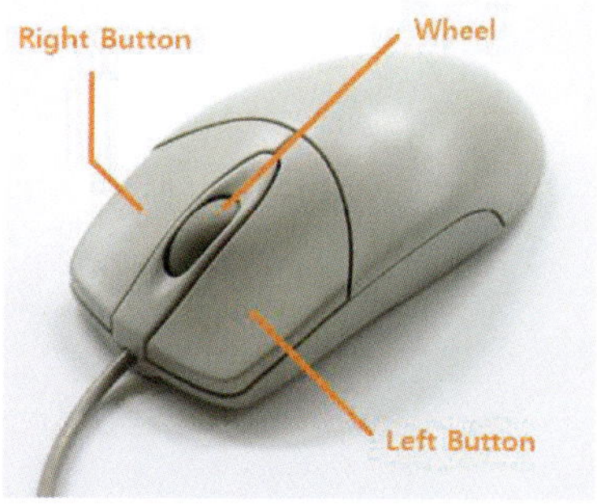 Figure 8 – 마우스의 구조	
방법	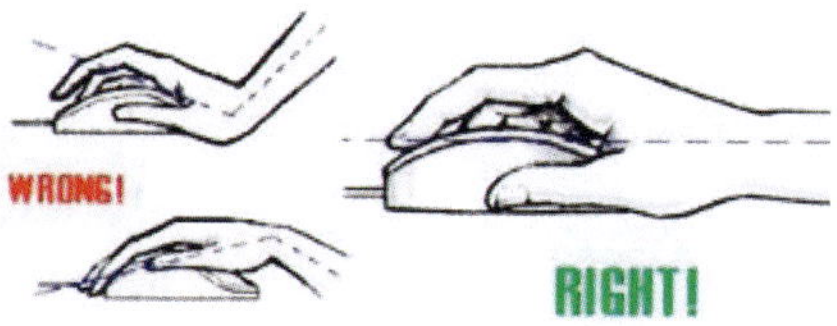 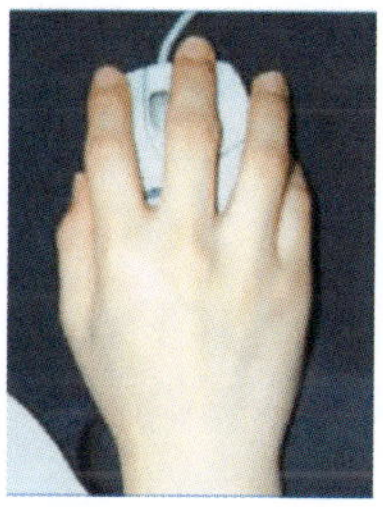 Figure 9 - 마우스의 올바른 잡는 법 (오른손 기준) 검지를 왼쪽 버튼에, 중지를 오른쪽 버튼에 올려놓는다. 엄지는 왼쪽 면을 잡아주고, 약지와 소지는 오른쪽 면을 잡는다.	
용어	마우스(Mouse), 마우스 왼쪽 버튼, 마우스 오른쪽 버튼, 휠(Wheel)	

<table>
<tr><td colspan="2">Topic:
4.마우스 움직이기(How to move Mouse) L-106</td><td>Purpose:
마우스의 직접적 사용법을 이해</td></tr>
<tr><td colspan="2">Prerequisite:
L-105 Mouse structure and how to hold (마우스 구조와 잡는 법)</td><td>Memo</td></tr>
<tr><td>사진</td><td colspan="2">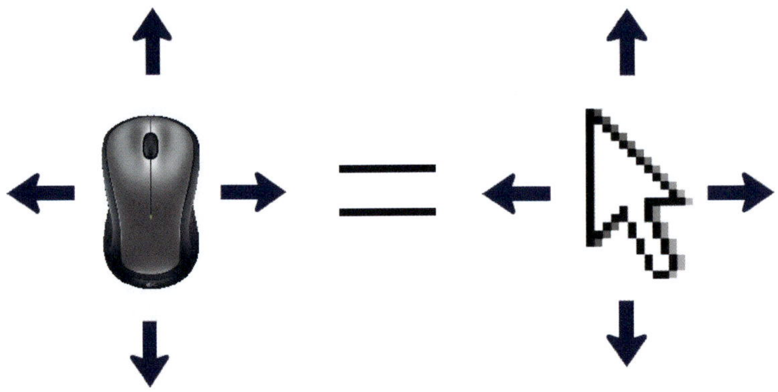
Figure 10 – 마우스와 포인터의 이동 방향</td></tr>
<tr><td>방법</td><td colspan="2">포인터의 이동 방향과 마우스의 이동 방향은 같다.</td></tr>
<tr><td>팁</td><td colspan="2">1. 마우스는 마우스 패드 위에서 사용할때 가장 정확하게 움직인다.
2. 마우스를 움직이다 마우스 패드 끝까지 도착했는데도 원하는 위치에 못간다면 마우스를 들어올려 마우스 패드의 중앙으로 이동시킨다.</td></tr>
<tr><td>용어</td><td colspan="2">포인터, 마우스 패드, 커서</td></tr>
</table>

Topic: **5.클릭 (Click) L-107**	Purpose: 마우스 사용법을 이해
Prerequisite: L-106 How to move Mouse (마우스 움직이기)	Memo

사진	 Figure 11 – 선택된 아이콘(오른쪽)의 예제
방법	클릭 : 왼쪽 버튼을 누름.
기능	선택의 의미.
연습	1. 바탕화면의 Recycle Bin 을 찾기 2. 마우스를 움직여 포인터를 Recycle Bin 위로 이동 3. 반투명한 사각형이 Recycle Bin 주변에 생겨 무엇이 선택될지 알 수 있음 4. 마우스 클릭 5. 좀전보다 더 진한 사각형이 Recycle Bin 주변에 생겨 선택됨을 확인 (Figure 11)  Figure 12 – 마우스가 올라간 아이콘
용어	아이컨, 클릭, 휴지통(Recycle Bin)

Topic:	Purpose:
6.더블 클릭(Double Click) L-108	마우스 사용법을 이해
Prerequisite: L-107 Click (클릭)	Memo

사진

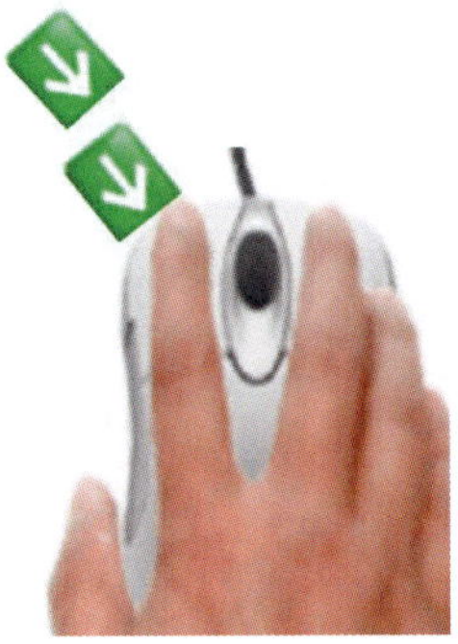

Figure 13 – 더블 클릭

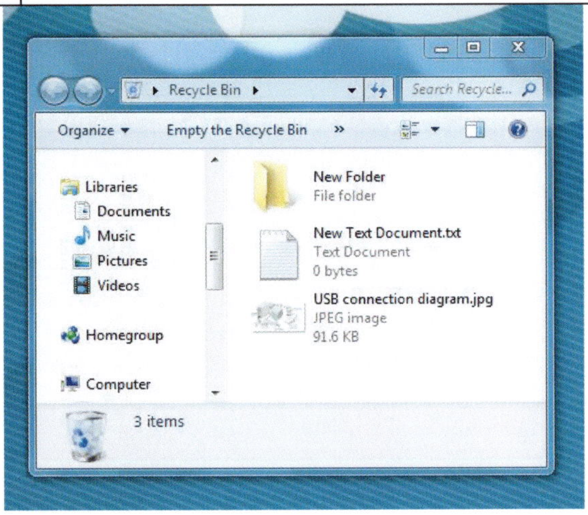

Figure 14 – 더블클릭으로 열린 Recycle Bin

개념

노크
(Knock)

더블 클릭
(Double Click)

Figure 15 – 실생활 vs 컴퓨터

<table>
<tr><td>이해</td><td>마우스의 이동없이 제자리에서 두번 연이어 클릭하는 것 (왼클릭)
Pressing a computer mouse left button twice quickly without moving the mouse
<table>
<tr><td>Purpose
목적</td><td>아이콘을 열거나 실행시킨다
To open or execute an icon</td></tr>
<tr><td>Time
시간</td><td>0.3 초 이내에 두번 연속 클릭
Sequential 2 Clicks within 0.3 second about</td></tr>
<tr><td>Alternative
다른 방법</td><td>클릭 후 엔터 키
Click & Enter</td></tr>
</table>
</td></tr>
<tr><td>사용례</td><td>휴지통 (Recycle Bin)을 더블클릭하여 안에 뭐가 들어있는지 확인한다.
Double click the Recycle Bin icon to see what’s inside

</td></tr>
<tr><td>연습</td><td>http://stopwatch.onlineclock.net</td></tr>
<tr><td>용어</td><td>더블 클릭, 오픈(Open: 열기), 창</td></tr>
</table>

<table>
<tr><td colspan="2">Topic:
7.연습 – 마우스 이동(Practice – Mouse Scroll) L-109</td><td>Purpose:
마우스 움직이기 연습</td></tr>
<tr><td colspan="2">Prerequisite:
L-108 Double Click (더블 클릭)</td><td>Memo</td></tr>
<tr><td>사진</td><td colspan="2">

마우스 연습 프로그램 아이컨
(Icon of Mouse Practice Program)

Figure 16 – 프로그램 아이컨

</td></tr>
<tr><td>방법</td><td colspan="2">

1. 마우스를 움직여, 커서를 아이컨 위에 놓는다
2. 왼클릭으로 아이컨을 선택한다
3. 엔터키를 쳐서 프로그램을 시작한다

</td></tr>
<tr><td>팁</td><td colspan="2">

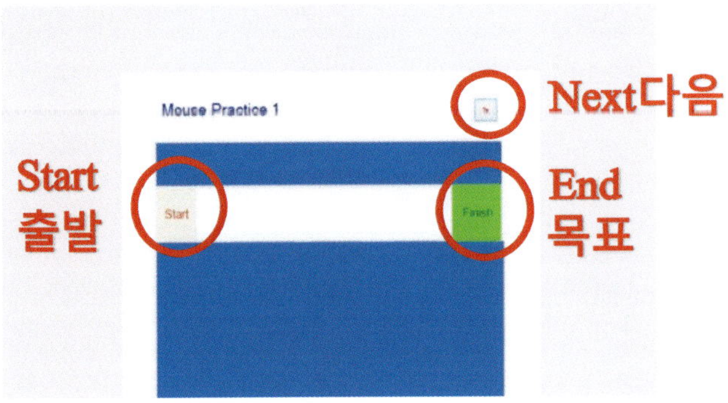

포인터를 출발 지점에서 목표 지점까지 움직인다.
단, 도중에 파란 영역을 건드리면 다시 출발 지점으로 돌아간다.

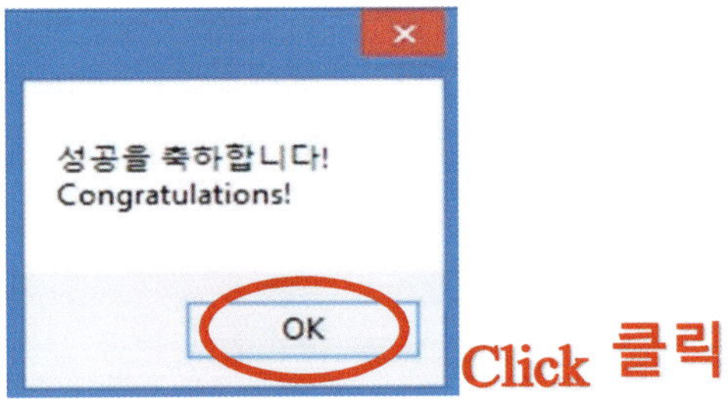

목표 지점에 포인터가 도착하면 성공을 알리는 메시지창이 열린다.
OK 버튼을 클릭해 다음 단계로 연습을 계속한다.

</td></tr>
<tr><td>용어</td><td colspan="2">포인터, OK 버튼, 팝업 (popup: 메시지창)</td></tr>
</table>

Topic: **8.키보드 소개(Intro to Keyboard) L-113**	Purpose: 키보드의 용도를 이해
Prerequisite: L-102 Shut Down (셧 다운)	Memo
사진	  컴퓨터 키보드 (Computer Keyboard) 음악 키보드 (Music Keyboard) Figure 17 – 서로 용도 다른 키보드들
용도	1. 글자와 숫자, 몇몇 기호들을 입력할때 사용한다. 2. 실행하기, 지우기 등 기본적인 명령을 내린다.
요령	버튼을 0.1 초 정도 누르는 것만으로 키 입력이 가능하다.
배열	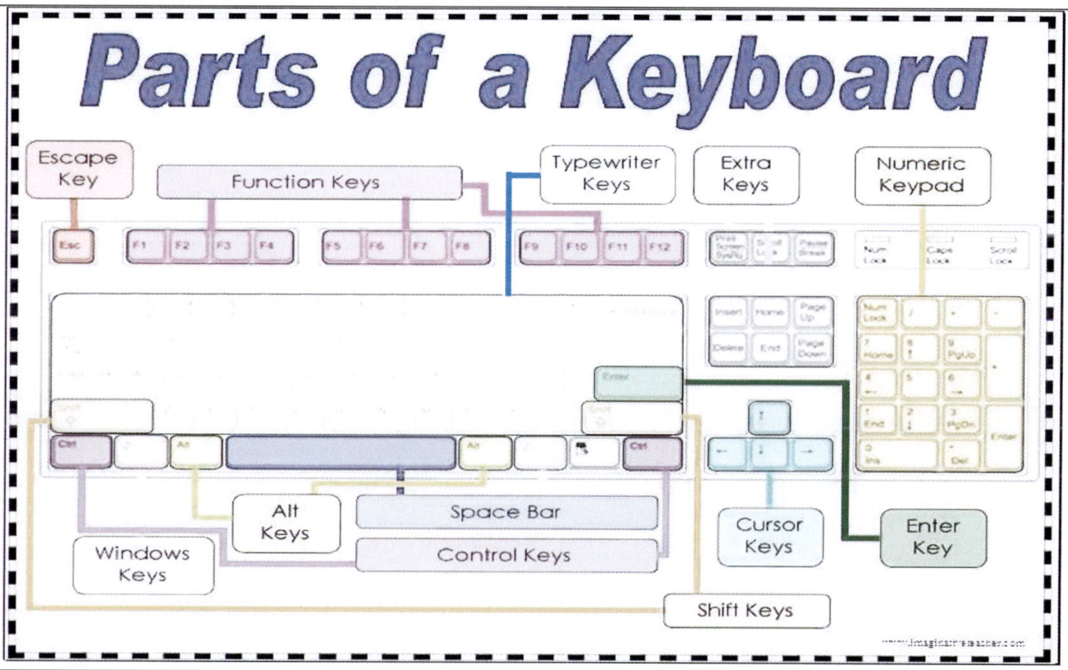
용어	Keyboard (키보드), Typewriter (타자기), Electronic switches (전자식 스위치), Letter (문자), Number (숫자), Symbol (기호), Command (명령하다), Execute (실행), Delete (삭제), Keystroke (타자), Escape (탈출하다), Function (기능), Enter (입력), Shift (전환), Space (공간), Control (제어), Alternate (대체)

Topic: **9.연습 – 영어 키보드(Practice – English Keyboard) L-117**	Purpose: 영어 키보드 연습
Prerequisite: L-113 Intro to Keyboard (키보드 소개)	Memo

사진	 Figure 18 – 키보드 영어 자리 연습
방법	1. Internet 의 http://kidtaja.co.kr 을 접속 2. 위 이미지의 동그라미 친 '영어 자리 연습' 클릭
요령	필요시 무료 회원 가입
진행	웹사이트에서 제시하는 절차에 따라 진행한다 • 기본 위치 (Basic Position) • 오른손 윗글쇠 (Right Hand - Upper Keys) • 왼손 아랫글쇠 (Left Hand - Lower Keys) • 왼손 윗글쇠 (Left Hand – Upper Keys) • 검지 글쇠 (Index Finger Keys)
용어	인터넷, 웹사이트, 회원 가입, 키보드 자리,

Topic:	Purpose:
10.연습 – 영어 단어(Practice – English typing I) L-118	단어 타자 연습
Prerequisite: L-117 Practice – English Keyboard (연습 – 영어 키보드)	Memo

연습 장소

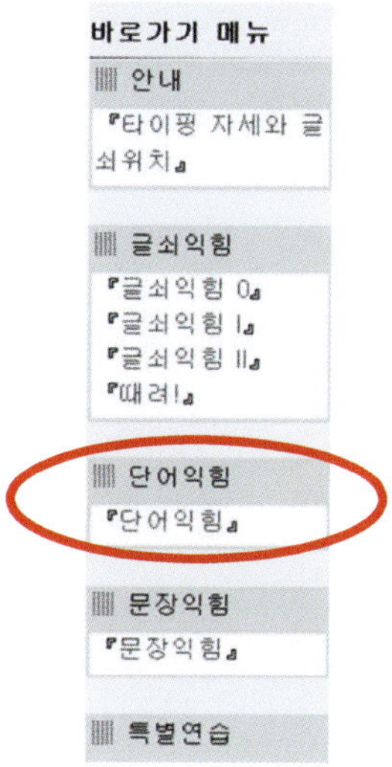

http://tajamaster.com

Click the left button
(단어익힘 클릭)

Figure 19 – Tajamaster.com 단어 익힘

설정

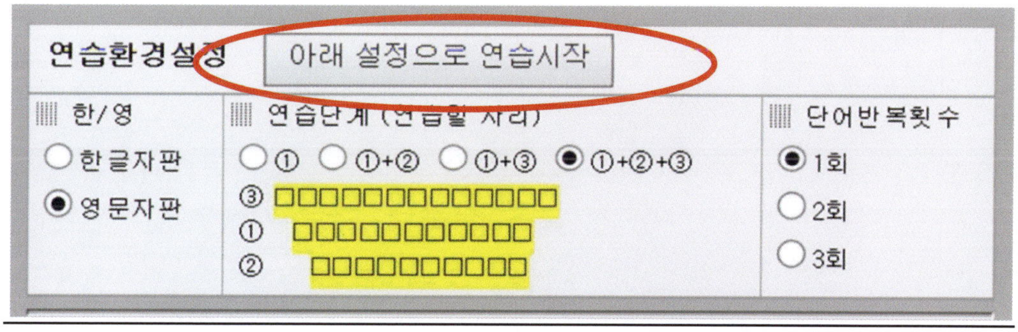

Figure 20 – Tajamaster.com 나오는 단어 설정

연습 시작

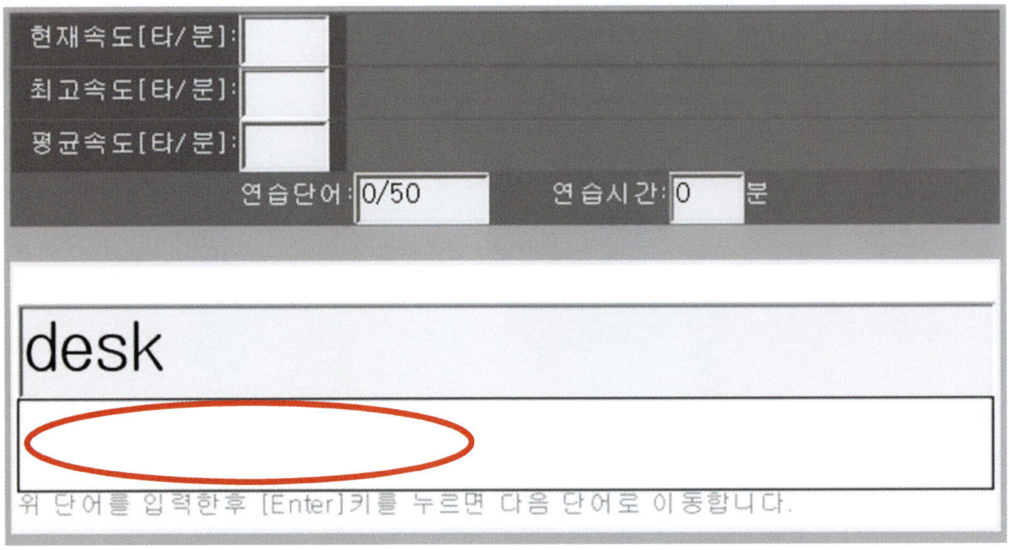

Figure 21 – Tajamaster.com 단어 입력 칸

웹사이트에서 제시하는 절차에 따라 진행한다

Follow the procedures given by the website

Topic: **11.연습 – 영어 문장(Practice – English typing II) L-119**	Purpose: 문장 타자 연습
Prerequisite: L-118 Practice – English typing I (연습 – 영어 단어)	Memo

연습 장소

http://typing.co.kr

http://typingi.com

Figure 22 – Typingi.com 비회원 타자연습

연습 시작

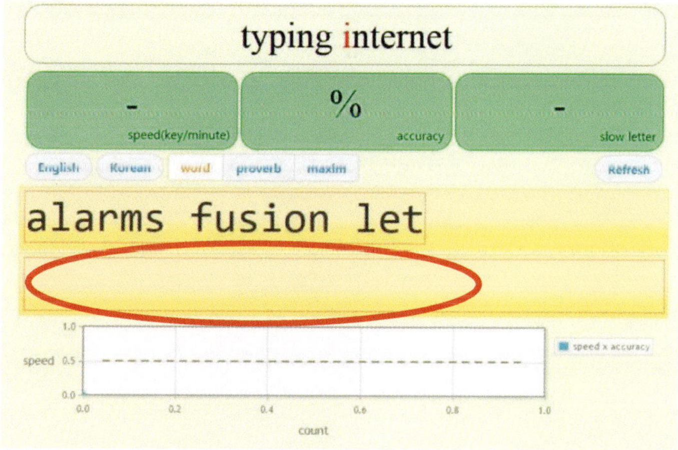

왼클릭으로 시작
(Click the left button)

Figure 23 - Typingi.com 문장 입력 칸

웹사이트에서 제시하는 절차에 따라 진행한다
Follow the procedures given by the website

Topic:	Purpose:
12.아이컨 I (Icon I) L-120	아이컨을 이해
Prerequisite: L-109 Practice – Mouse Scroll (연습 – 마우스 이동)	Memo

사진

책상에서 보이는 아파트들
(Night scene at my desk)

바탕화면에 보이는 아이컨들
(Icons at my desktop)

Figure 24 – 아이컨 비교

특징

아파트	노크해야 열린다	아파트 마다 사는 사람이 다르다	사생활
아이컨	더블클릭해야 열린다	아이컨 마다 열리는 프로그램이 다르다	이용자에게 완전 공개

작업줄

아이컨을 통해 프로그램을 열면 화면 최하단 작업표시줄에 나타난다.
그림에서 왼쪽 세번째 폴더 모양이 현재 열려있는 프로그램을 뜻한다.

용어	바탕화면, 태스크바 (Taskbar: 작업표시줄), 폴더, 프로그램, 아이컨

Topic: **13.데스크탑(Desktop) L-121**	Purpose: 데스크탑 이해
Prerequisite: L-120 Icon (아이컨)	Memo

용어

반드시 알아두어야 하는 것들

1. **DESKTOP (데스크탑 / 바탕화면) :** 직역하면 '책상 위' 즉 일종의 작업공간. 유저는 데스크탑 위에서 프로그램이나 기타 모든 컴퓨터 작업을 한다.
2. **TASK BAR (태스크 바 / 작업 표시줄) :** 현재 실행중인 프로그램이나 시간, 스타트(시작) 버튼등을 보여주는 최하단에 위치한 줄
3. **EMPTY SPACE (빈 공간) :** 아무것도 없는 공간
4. **ICON (아이컨) :** 컴퓨터 프로그램을 버튼 형태로 표현한 것

알아두면 좋은 것들

5. **PINNED PROGRAM (핀 프로그램) :** 자주 사용하는 프로그램을 태스크바에 등록시킨 것
6. **TRAY ICONS (트레이 아이컨) :** 현재 실행중인 프로그램이지만 화면에 나타나지 않은 것들
7. **CLOCK (시계) :** 현재 시간을 나타냄
8. **SHOW DESKTOP BUTTON (데스크탑 보기 버튼) :** 클릭하면 현재 실행중인 모든 창을 최소화하고 바탕화면을 보여줌

바탕 화면	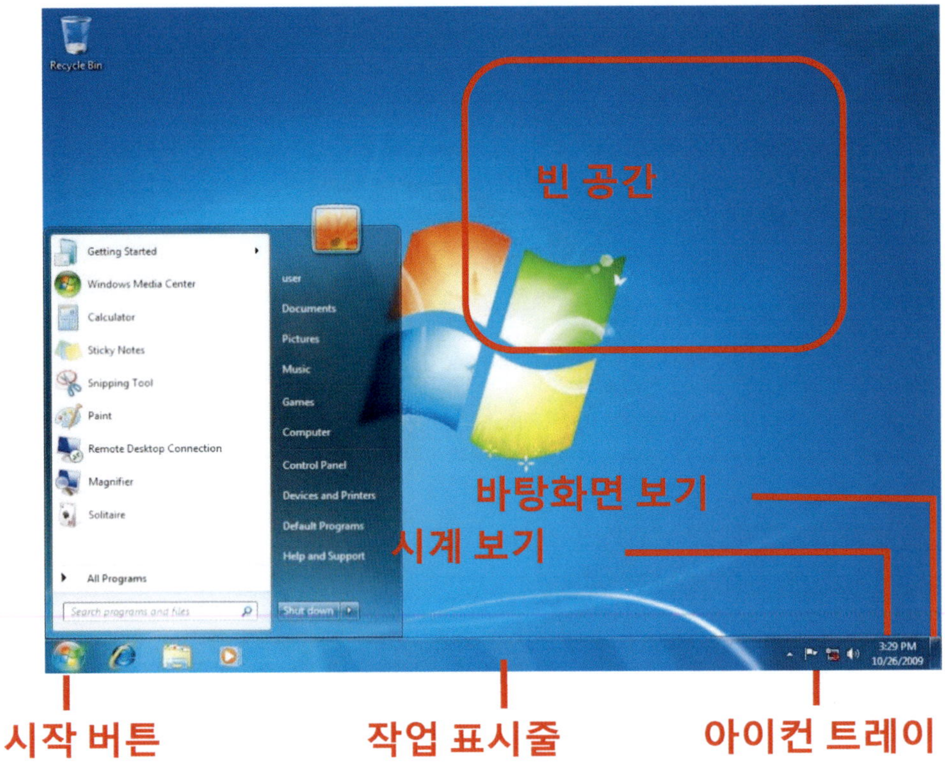

Figure 25 – 데스크탑 (바탕화면) 구조

Topic: 14.아이컨-II (Icon-II) L-122	Purpose: 아이컨의 종류 파악
Prerequisite: L-120 Icon (아이컨)	Memo

사진	 Figure 26 – 일반적인 데스크탑	
종류	1. **폴더** :파일이나 폴더들을 담아놓는 곳. 폴더 속에 폴더를 만들 수 있기 때문에 계층구조를 실현 할 수 있다.	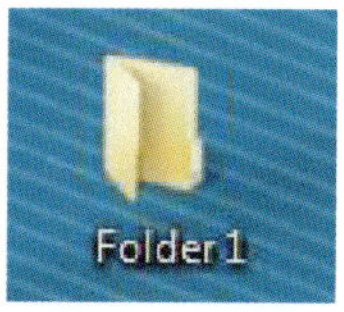
	2. **파일** : 데이터. 음악이나 그림, 문자 혹은 프로그램의 중요 정보를 가지고 있음. 컴퓨터 용량의 대부분을 차지함.	
	3. **바로가기 (Shot Cut)** :아이컨을 빠르게 찾는 지름길. 좌측 하단에 그려져있는 화살표가 특징.	
	4. **시스템 아이컨** : 컴퓨터의 기본 기능이나 시설을 가리키는 아이컨	

Topic: **15.윈도우 (Window) L-128**	Purpose: 윈도우 이해
Prerequisite: L-122 Icon II (아이컨 II)	Memo

사진	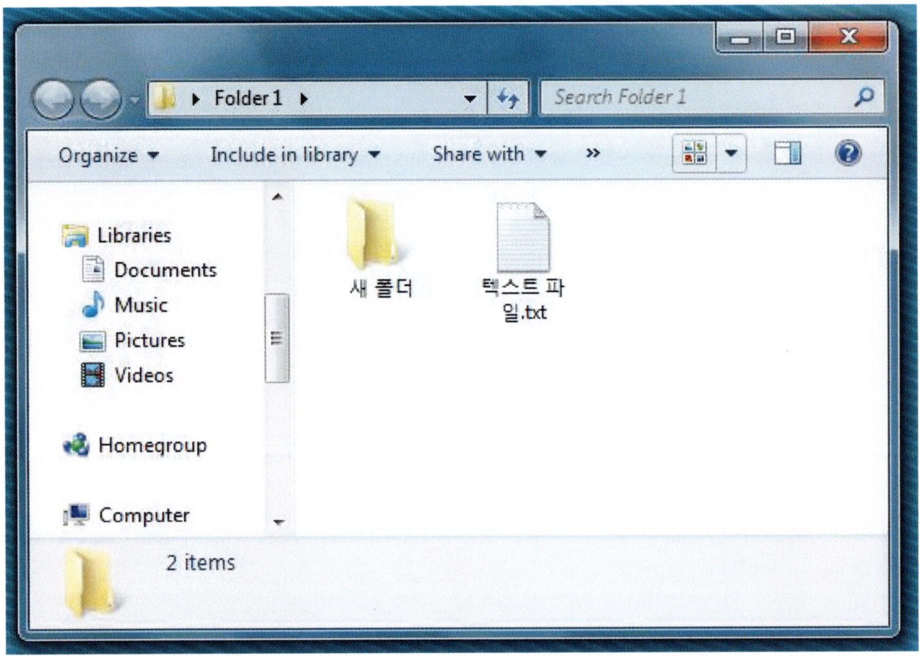 Figure 27 – 일반적인 윈도우
설명	아이컨을 더블클릭(혹은 클릭+엔터)하여 실행했을때 나오는 창을 윈도우라고 부른다. 우리가 현재 사용하는 컴퓨터에서는 거의 모든 프로그램이 윈도우의 모습으로 표현된다.

<table>
<tr><td>버튼</td><td>X (클로즈, 닫기) : 항상 상단 우측에 위치해 있으며 대부분의 경우 빨간색이다. 누르면 해당 창을 닫아 없앨 수 있다.</td><td>
Figure 28 - Close (닫기) 버튼</td></tr>
<tr><td rowspan="3">특징</td><td>네모난 모양 : 모든 윈도우는 항상 직사각형의 모습을 취한다</td><td rowspan="3">

Figure 29 – 윈도우 겹침의 예</td></tr>
<tr><td>캐스케이드:두개 이상의 윈도우가 겹치는 경우가 있는데 이런것을 캐스케이드라고 부른다. 오른쪽의 그림은 왼쪽의 윈도우가 오른쪽의 윈도우보다 더 앞에 위치해서 겹쳐 보이는 상황이다.</td></tr>
<tr><td>활싱화 : 여러 윈도우가 있어도 하나만 활성화 되어 맨 앞에 나타난다. 사용자가 클릭으로 선택한 윈도우가 활성화된다.</td></tr>
<tr><td>용어</td><td colspan="2">윈도우(Window: 창), 프로그램, 클로즈(Close), 캐스케이드(Cascade), 활성화</td></tr>
</table>

<table>
<tr><td colspan="3">Topic:
16.윈도우 조정(Control Window) L-129</td><td>Purpose:
윈도우 사이즈 변경 요령 파악</td></tr>
<tr><td colspan="3">Prerequisite:
Window (윈도우) L-128</td><td>Memo</td></tr>
<tr><td>사진</td><td colspan="3">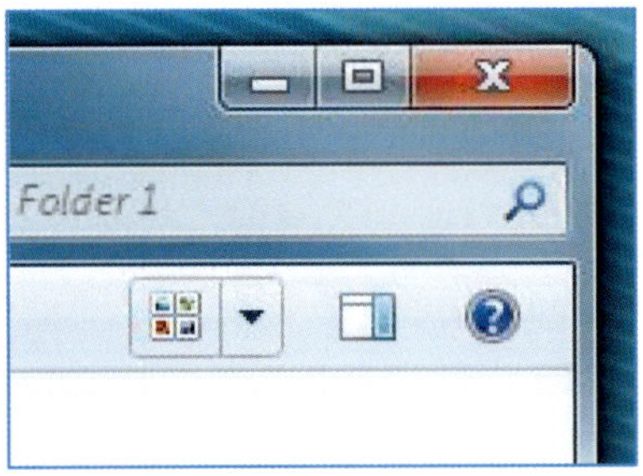
Figure 30 – 사이즈 변경 버튼</td></tr>
<tr><td rowspan="2">변경 버튼</td><td>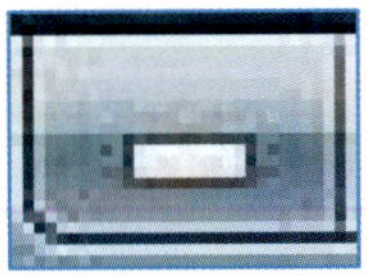
Figure 31 - Minimize (최소화)</td><td colspan="2">클릭하면 축소되는 애니메이션과 함께 화면 최하단 태스크바에만 표시되게 된다. 윈도우를 다시 화면에 나타나게 하려면 태스크바의 해당 버튼을 누르면 된다.

Figure 32 - 최소화된 윈도우의 예</td></tr>
<tr><td>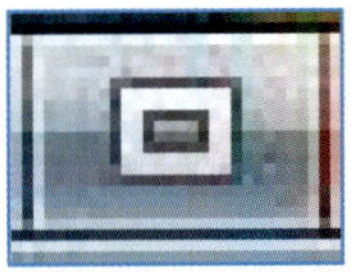
Figure 33 - Maximize (최대화)</td><td colspan="2">클릭하면 확장되는 애니메이션과 함께 화면에 꽉 차도록 윈도우가 커진다. 커진 상태에서 재차 버튼을 누르면 커지기 전의 원래 사이즈로 돌아간다.</td></tr>
<tr><td>용어</td><td colspan="3">미니마이즈(Minimize), 맥시마이즈(Maximize), 태스크 바, 윈도우, 애니메이션, 중간 사이즈</td></tr>
</table>

Topic: **17.작업 표시줄 (Task Bar) L-130**	Purpose: 작업 표시줄 이해
Prerequisite: L-129 Control Window (윈도우 조정)	Memo

정의

응용 프로그램의 기동 및 감시 목적으로 사용되는, 바탕화면 끝에 있는 줄(영역)

A bar on a full edge of a GUI desktop, to launch and monitor running applications

배열

① Start Menu Button 시작 버튼 ② Pinned Task 고정 작업 ③ Notification Area 알림 영역

④ Speaker 스피커 ⑤ Show Desktop Button 바탕화면 보기 ⑥ Windows 8.1 윈도우즈 8.1

Figure 34 – 작업 표시줄 상세

시작 버튼

응용 프로그램 및 과제 처리를 위한 핵심 출발 장소

The central launching point for application and tasks

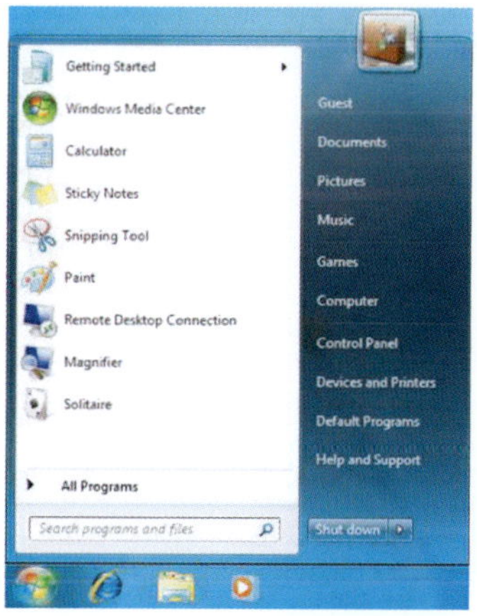

Windows 7 Start Menu

윈도우즈 7 시작 메뉴

<table>
<tr>
<td>태스크 바 맞춤</td>
<td>
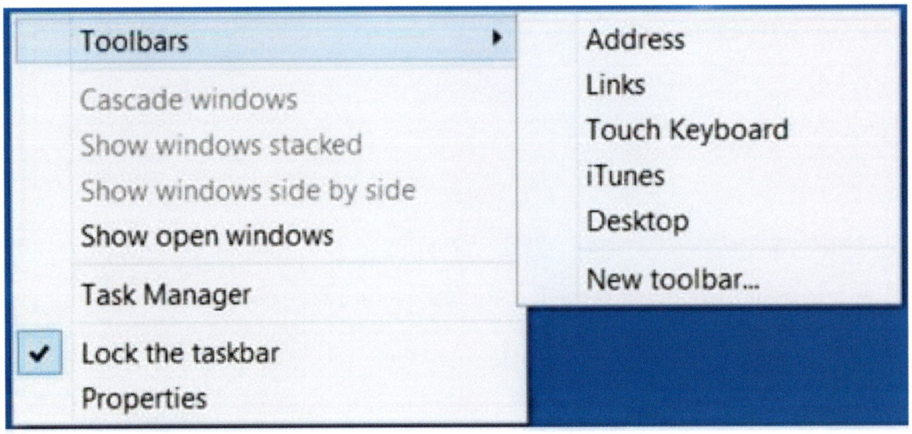

Figure 35 – 태스크바 툴바 옵션

빈 작업 표시줄 위에서 오른 클릭하면 메뉴가 보인다.
Right click on the empty Taskbar to see menu.

이 메뉴를 통해서 태스크바의 기능 확장이 가능하다.
Using this menu, you can expand functionality of Taskbar.
</td>
</tr>
<tr>
<td>용어</td>
<td>Taskbar, GUI, Launch, Monitor, Applications, Layout, Tasks, Customize, Toolbar</td>
</tr>
</table>

Topic: **18.경계선 조정(Border Adjustment) L-135**	Purpose: 경계선 조정 연습
Prerequisite: L-129 Control Window (윈도우 조정)	Memo

대상	All border lines are adjustable (모든 경계선이 조정 가능)
사진	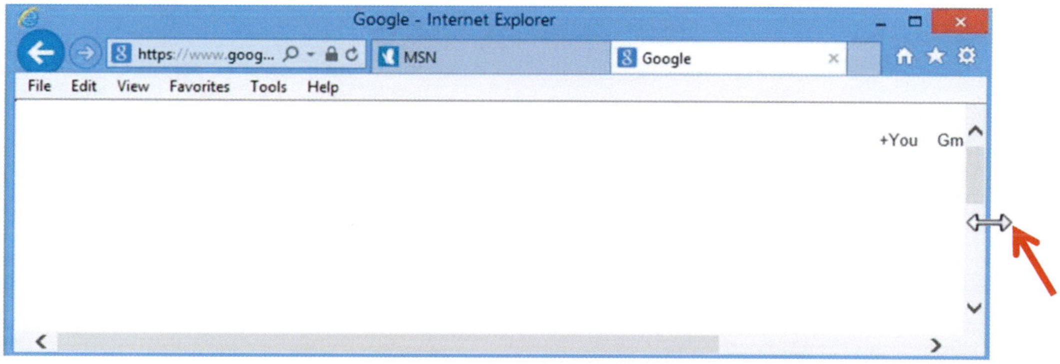 Figure 36 – 윈도우 Border (경계선)
끌어 놓기	끌어 놓기에 따라, 경계선이 다시 설정된다 According to the drag-and-drop, the border line will be re-positioned
커서 모양	 위, 아래 경계선  좌상, 우하 코너  좌, 우 경계선  우상, 좌하 코너

Topic: **19.하드웨어(Hardware) L-140**	Purpose: 하드웨어와 컴퓨터 구성품 이해
Prerequisite: L-120 Icon I (아이컨 I)	Memo

컴퓨터 구성품	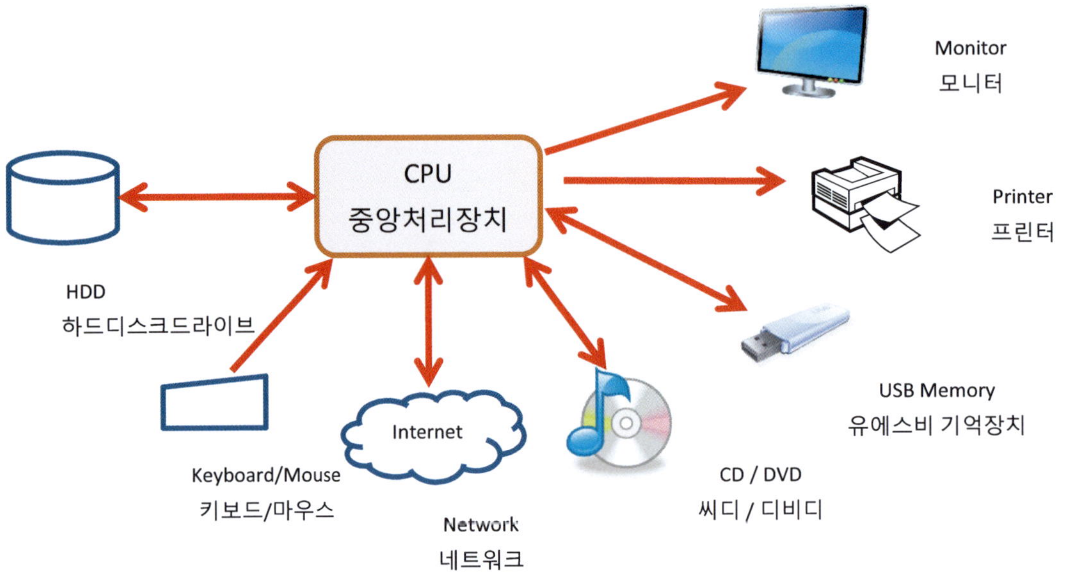 Figure 37 – 컴퓨터의 구조
HDD	**하드 디스크 드라이브:** 대부분의 주요 시스템 및 유저 소프트웨어를 저장하고 이용하는데 쓰는, 고속의 자료 저장장치 High speed data storage device used for storing and retrieving most of the important system & user software
USB Memory	**유에스비 기억장치:** 유에스비 인터페이스를 활용하는 기억장치 (디지털 카메라 및 태블릿 PC 포함) Memory device utilizing USB interface, including a digital camera and a tablet PC
Unidirec-tional Transfer	**단방향 전송:** 키보드와 마우스, 모니터, 프린터 등은 한쪽 방향으로만 정보전송이 가능하다 Keyboard, mouse, monitor and printer device are unidirectional in data transfers
용어	CPU, HDD, USB, CD, DVD, Retrieve, Software, Interface, Unidirectional

Topic: **20.컴퓨터 주변기기(Peripheral Devices) L-141**	Purpose: 주변기기 이해
Prerequisite: L-140 Hardware (하드웨어)	Memo

사진	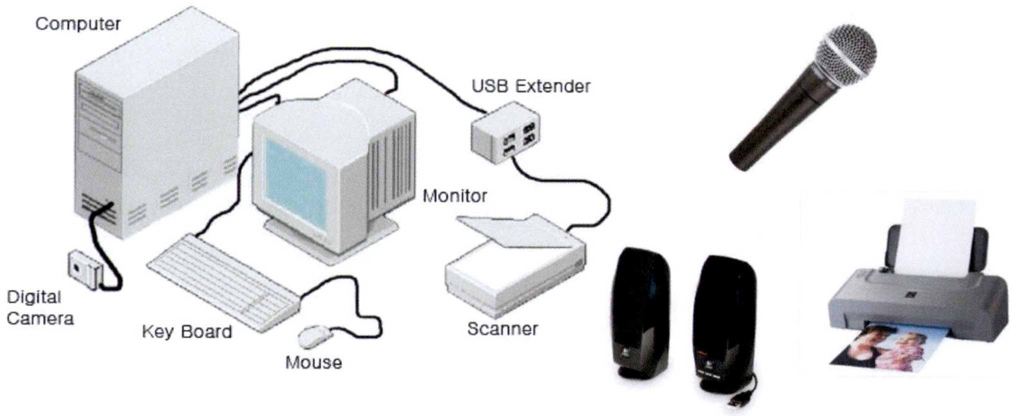 Figure 38 – 컴퓨터 주변 기기들
종류	1. 입력장치 (Input Device) : 컴퓨터 외부의 정보를 내부로 불러들이는 역할. (예: 키보드, 마우스, 터치 패드, 스캐너, 마이크) 2. 출력장치 (Output Device) : 컴퓨터 내부의 정보를 밖으로 표시하는 역할 (예: 모니터, 스피커, 프린터, 3D 프린터)

예제	입력장치	키보드	문자와 숫자등을 입력
		마우스	포인터의 이동 방향과 클릭을 입력함
		스캐너	그림이나 사진을 디지털화하여 입력
	출력장치	모니터	모든 시각적 요소를 보여줌
		스피커	모든 청각적 요소를 들려줌
		프린터	그림이나 사진, 문자를 종이로 인쇄함
용어	인풋(Input: 입력), 아웃풋(Output: 출력), 디지털(Digital), 아날로그(Analog)		

Topic: **21.네트워크(Network) L-150**		Purpose: 네트워크와 인터넷 이해
Prerequisite: L-140 Hardware (하드웨어)		Memo
정의	컴퓨터 간에 자료를 교환하게 해주는 통신체계 A telecommunications network that allows computers to exchange data	
통신 환경	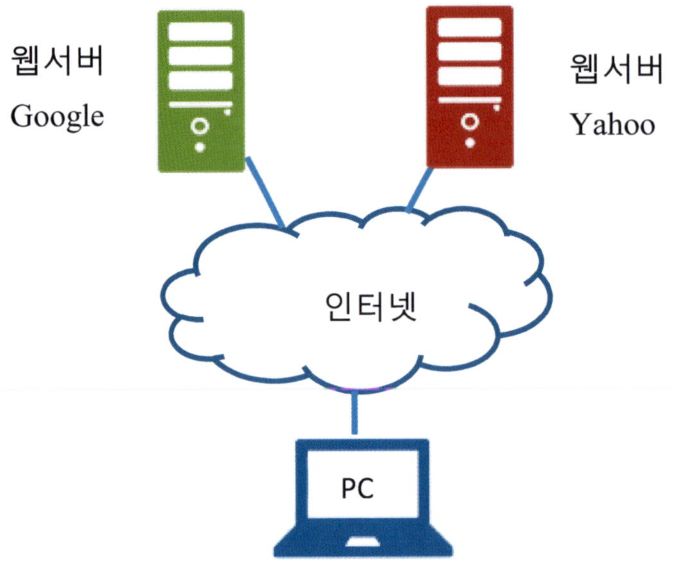 **Figure 39 – 네트워크**	
설명	**인터넷**	전세계에 복잡하게 얽혀있는 케이블과 인터넷 선. 인터넷에 연결되어 있다면 어디에 위치해 있더라도 인터넷을 통해 서로간 통신이 가능하다.
	웹서버	인터넷 정보를 다량 보관하고 있는 중대형 컴퓨터들, 신뢰성이 높다
	업로드	PC 로부터 웹서버로의 자료 전송
	다운 로드	리모트 웹서버로부터 로컬 PC 로의 자료 전송
용어	Internet, Server, Network, PC(Personal Computer), Upload, Download, Local, Remote, Web Server	

Topic: **22.커저(Cursor) L-160**	Purpose: 커저 모양에 따른 상황 파악
Prerequisite: L-150 Network (네트워크)	Memo

모양	<u>여러가지 모양 (Various shape)</u> 커저는 상황에 따라 자동적으로 모양이 바뀐다 Cursor changes automatically its shape depending on the situation
예	a. <u>Normal shape (평소 모양)</u>  b. <u>When waiting (기다릴 때)</u>  c. <u>On a border line (경계선 위에서)</u>  d. <u>On a web link (웹 링크 위에서)</u>  e. <u>In a text input box (문자를 입력할 때)</u> 

Chapter II. Internet Fundamental

제 2 장. 인터넷 기초

Chapter II. Internet Fundamental (제 2 장. 인터넷 기초)

인터넷 기초 코스는 인터넷 사용경험이 전혀 없거나 약간 있는 분을 대상으로 하며, 인터넷 서핑을 위한 요령을 배우고 연습하는 과정이다.

전세계에 흩어져 있는 인터넷 세상을 한 자리에서 둘러보는 것을 서핑(Surfing)이라고 부르며, 이를 위해서는 인터넷 접속 설비와 컴퓨터가 필요하다.

인터넷 접속설비는 버라이존(Verizon)이나 타임워너 케이블(Time Warner Cable)같은 통신회사에서 집까지 회선을 끌어와 라우터(Router)를 설치해 주면, 개인 컴퓨터가 접속할 수 있다.

인터넷 설비는 일반적으로 월정액을 지불하고 사용하게 되며, 속도에 따라 가격이 달라진다. 사용자는 라우터의 이름(SSID)과 암호(Password)를 통신회사로부터 받아 접속시 사용해야 한다.

컴퓨터 내의 인터넷 서핑 도구는 웹브라우저라고 부르는 소프트웨어이다. 여기서는 마이크로소프트의 IE (인터넷 익스플로러) 웹브라우저를 기준으로, 인터넷 주소 입력창 (필드)과 메뉴바, 탭, 컨텍스트 메뉴에 대해 공부한다. 주소창과 검색창의 차이점을 확인하며, 주소창 중심의 서핑을 먼저 배운다.

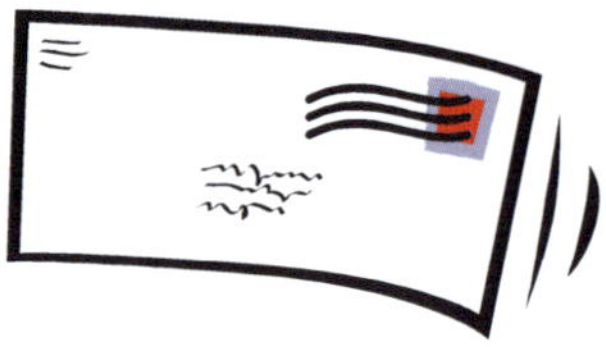

인터넷 세계의 주소에 대해서는 URL 과 URI 를 구분하며, 자동 완성 기능과 즐겨찾기 사용법을 공부한다.

인터넷 서핑의 첫걸음으로는, 미국에서 널리 사용되는 날씨 정보 싸이트인 웨더닷컴 (http://weather.com)과 한국인들이 많이 사용하는 다음사전 (http://alldic.daum.net)을 이용해 본다.

인터넷 사이버 세상의 정보 구조를 이해하기 위해, 웹페이지와 웹링크를 파악해 인터넷 정보 연결 방식의 대강을 알고, 검색엔진이 필요한 이유를 공부한다.

검색엔진 활용 사례로 구글 검색 결과를 살펴보고 각 링크의 URI 를 실제 확인해 봄으로서 URL 과 URI 의 차이점을 눈으로 식별한다. 한편, 검색엔진을 통해 검색창 중심의 서핑이 가능함을 배운다.

연습으로 구글 지도 사이트 (http://maps.google.com)를 방문, 자기 동네의 지도를 보고 사용법을 익히며 연습문제를 풀어 보고, 인터넷 검색할 때 널리 사용하는 구글 검색 엔진의 (http://google.com) 키워드 검색을 통해, 검색 결과의 종류와 그 이용방법을 공부한다.이후 드래깅 연습, 오른 클릭, 키보드, 셧다운 옵션을 살펴봄으로서, 인터넷 기초 과정을 마친다.

<table>
<tr><td colspan="2">Topic:
23.웹 브라우저(Web browser) L-210</td><td>Purpose:
웹 브라우징/서핑 이해</td></tr>
<tr><td colspan="2">Prerequisite:
L-100 FUNDAMENTALS (왕초보)</td><td>Memo</td></tr>
<tr><td>그림</td><td colspan="2">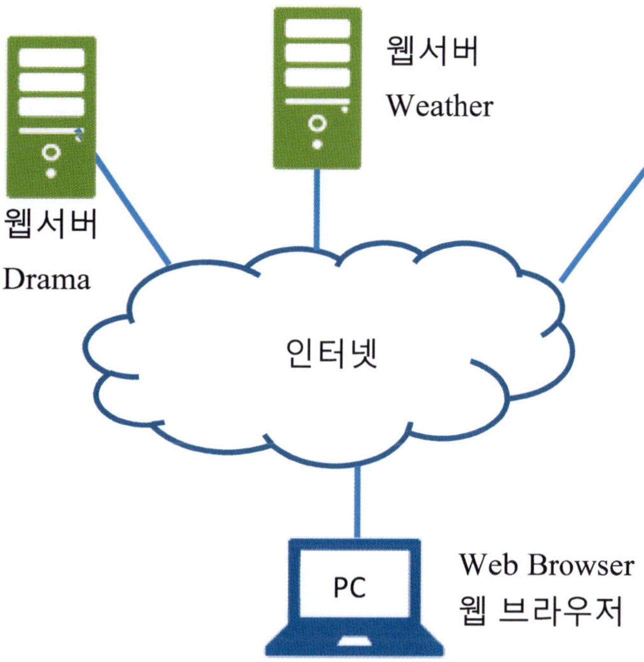
Figure 40 – 네트워크 2</td></tr>
<tr><td>용도</td><td colspan="2">비유: 웹 서핑을 하는 조종석</td></tr>
<tr><td>조종 정보</td><td colspan="2">Destination Address(목적지 주소)</td></tr>
<tr><td>종류</td><td colspan="2">Microsoft : Internet Explorer
Mozilla : Fire Fox
Google : Chrome
Apple : Safari
그 외: Opera, Netscape</td></tr>
<tr><td>용어</td><td colspan="2">Web Browsing, Web Server, Personal Computer (PC), Internet, Ethernet, URL (Uniform , Resource Locator, 예: http://google.com), Address field</td></tr>
</table>

Topic: 24.인터넷 익스플로러-I (Internet Explorer-I) L-211	Purpose: Internet Explorer 숙지
Prerequisite: L-210 Web browser (웹브라우저)	Memo

용도	인터넷을 사용하는 가장 대표적인 방법은 'Browser(브라우저)'를 통해서 'Website(웹사이트)'에 들어가는 것이다. Internet Explorer(인터넷 익스플로러)란 그런 브라우저들 중 하나로 컴퓨터를 구입하면 기본적으로 설치되어 있는 프로그램으로 이를 이용해서 각종 인터넷 웹사이트들에 접속할 수 있다.
사진	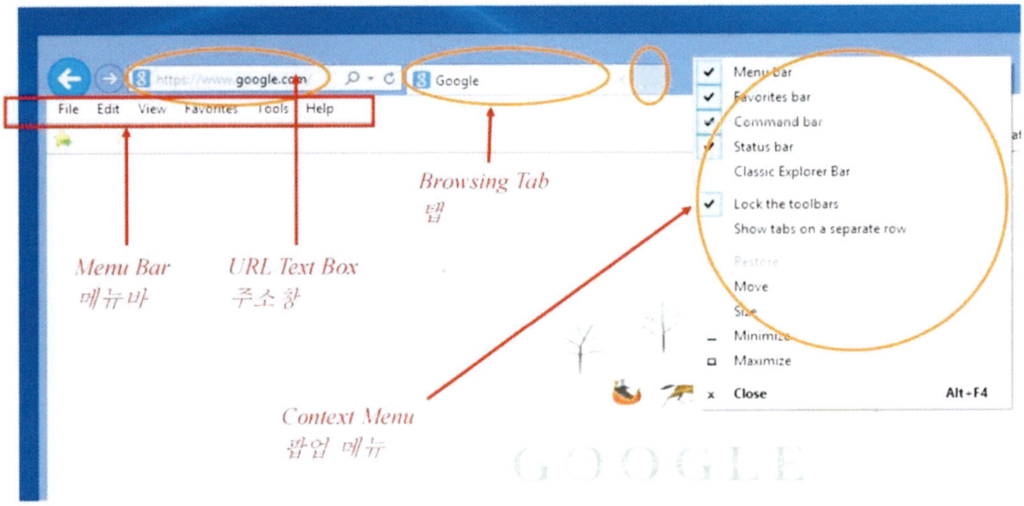 Figure 41 – 인터넷 익스플로러 구조
소개	1. URL Text Box (주소창) : 인터넷 주소 입력하는 곳 2. Menu Bar (메뉴 바) : 드롭 다운 메뉴들이 위치한 곳 3. Browsing Tab (탭) : 동시 다수 웹서핑을 위한 탭 4. Context Menu (팝업 메뉴) : 타이틀 영역에서의 팝업 메뉴

검색	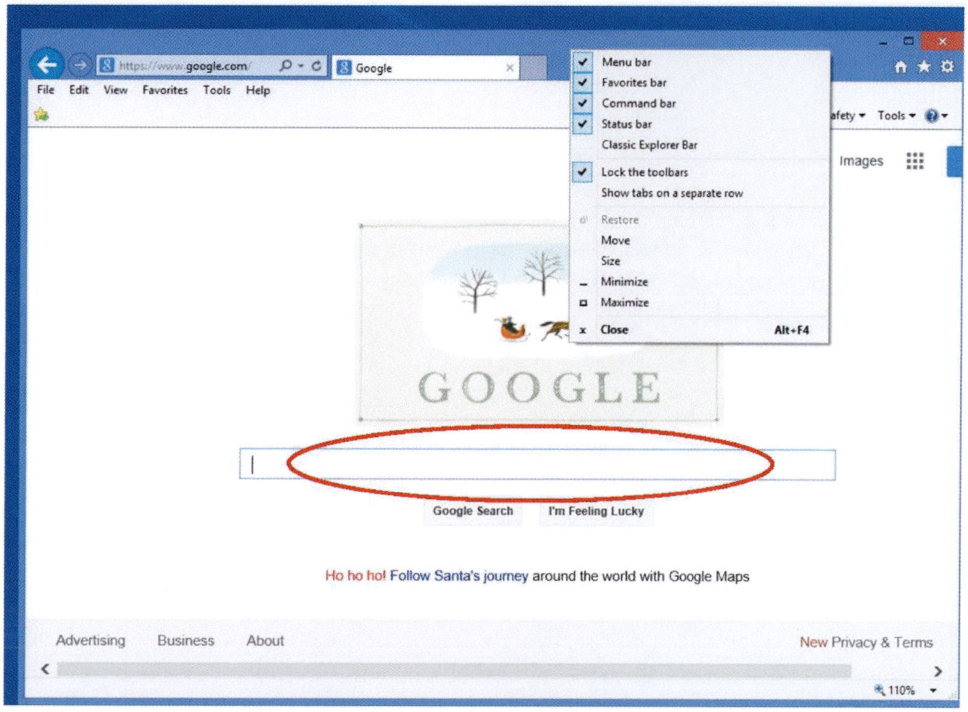 **Figure 42 - 구글 검색창** 대표적 인터넷 검색사이트 – 구글의 검색창. IE9 이후부터는 주소창에 검색어를 입력해도 검색이 가능
부가 기능	Zoom in (확대) : [CTRL] & [+] Zoom Out (축소) : [CTRL] & [-] Refresh (새로고침) : [F5] Favorite (즐겨찾기): Add to favorites
용어	URL (인터넷 주소), Drop down menu(드롭 다운 메뉴), Browsing Tab(탭), Surfing (서핑), Search (검색), Google(구글), IE9(인터넷 익스플로러 9), Version(버전), Favorite(즐겨찾기), Refresh(새로고침), Browser(브라우저),

Topic: **25.인터넷 익스플로러-II (Internet Explorer-II) L-212**		Purpose: URL Text Box 이해
Prerequisite: L-211 Internet Explorer I (인터넷 익스플로러 I)		Memo
용도	URL Text Box (주소창)은 웹사이트에 접속하기 위해 해당 웹사이트의 주소를 입력하는 칸이다. 주소창에 주소를 입력하고 키보드의 Enter 키를 누르는 것으로 해당 웹사이트로 이동할 수 있다.	
사진	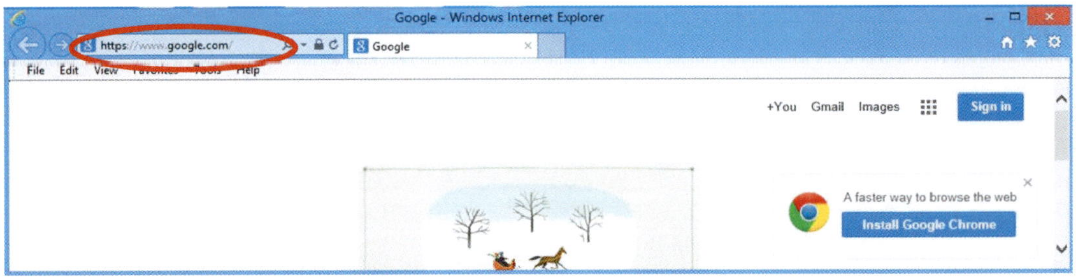 Figure 43 – IE9 의 주소창	
위치	IE9 의 경우 윈도우 최상단 타이틀 바의 바로 밑에 위치해 있다.	
절차	1. 주소창 클릭 2. 키보드 Backspace 버튼을 눌러 기존에 있던 주소 제거 3. 자신이 보길 원하는 웹사이트의 주소 입력 4. 키보드 Enter 키를 눌러 이동	

<table>
<tr>
<td>URL</td>
<td>
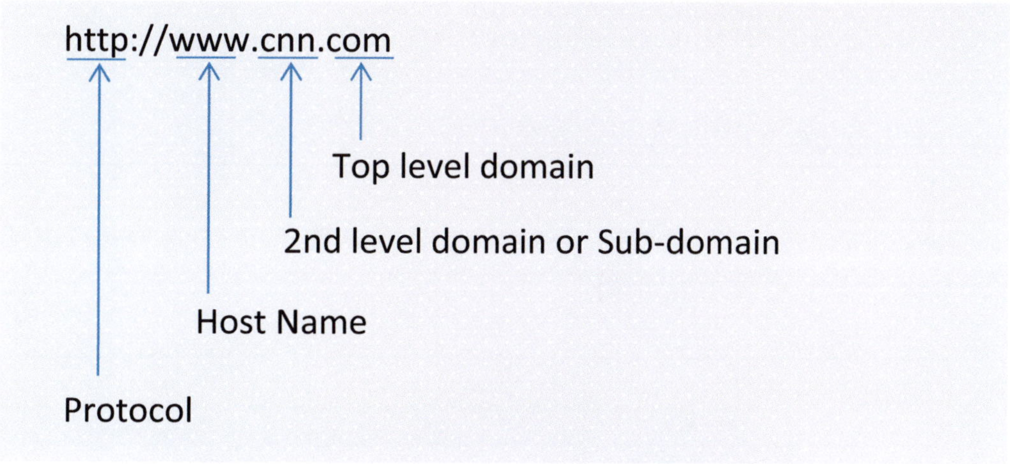

Figure 44 – URL Breakdown (URL 구조)

URL (Uniform Resource Locator): 인터넷 도메인 주소, 인터넷 주소, 웹주소, = Web address
예) http://www.cnn.com

URI (Uniform Resource Identifier): 자원 식별자, URL 보다 자세한 주소
예) http://www.cnn.com/US/?hpt=sitenav
</td>
</tr>
<tr>
<td>자동 완성</td>
<td>
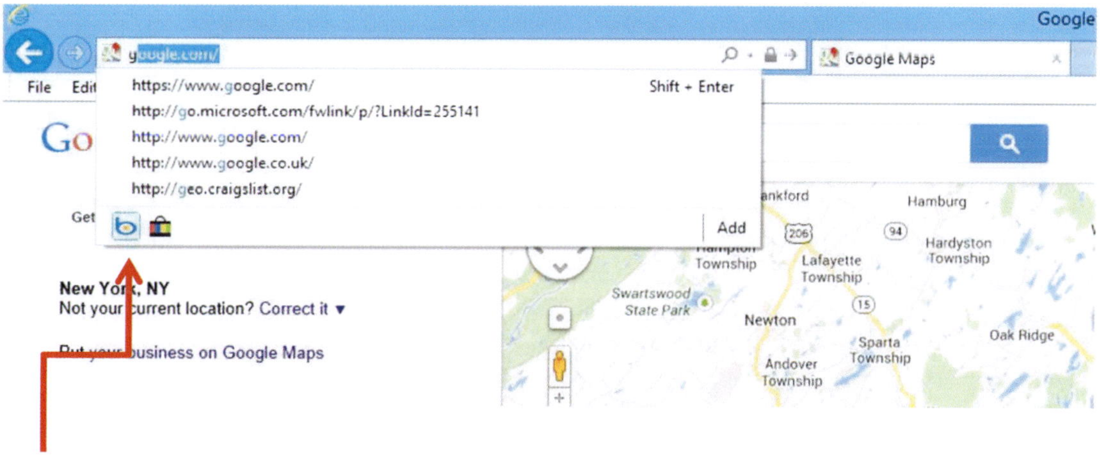

IE v.9 이후는 주소창도 검색기능 보유

(By IE v.9 or later version, search is possible at URL text box too)
</td>
</tr>
<tr>
<td>용어</td>
<td>URL, URI, Domain, Sub-domain, Host, Protocol, Text-box, Auto-complete, Breakdown, 접속</td>
</tr>
</table>

Topic: **26.인터넷 익스플로러-III (Internet Explorer-III) L-213**	Purpose: Favorite 이용
Prerequisite: L-212 Internet Explorer II (인터넷 익스플로러 II)	Memo

용도	Favorite(즐겨찾기)는 자주 접속하는 웹사이트를 One-Click 혹은 Two-Click 으로 다시 찾아갈수 있도록 도와준다.
사진	(see figure below)

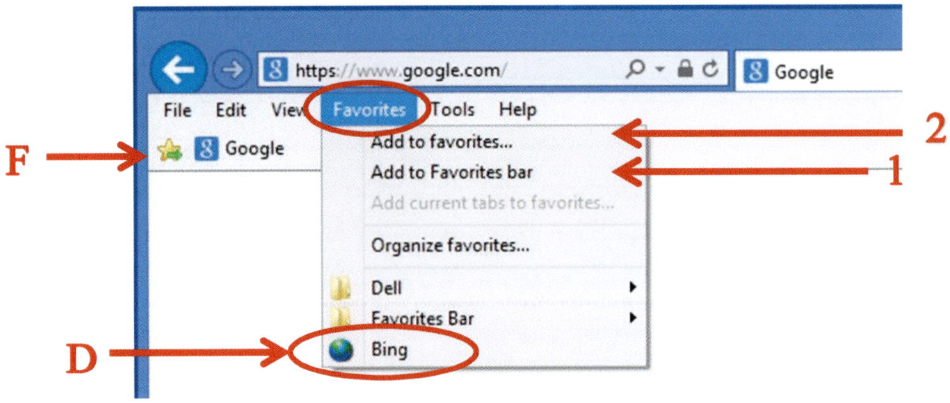

Figure 45 – Favorite (즐겨찾기)

위치	즐겨찾기 드롭다운 메뉴는 주소창 바로 밑 왼쪽에서 네번째 칸에 위치해 있다.		
절차	One-Click	즐겨찾기 바에 보관	Figure 45 의 1 번 버튼을 클릭하면 F 항목처럼 Favorite Bar 에 즐겨찾기가 등록된다.
	Two-Click	즐겨찾기 드롭다운 메뉴에 보관	Figure 45 의 2 번 버튼을 클릭한 뒤 밑의 절차를 따라 한다.

<table>
<tr>
<td>등록</td>
<td>

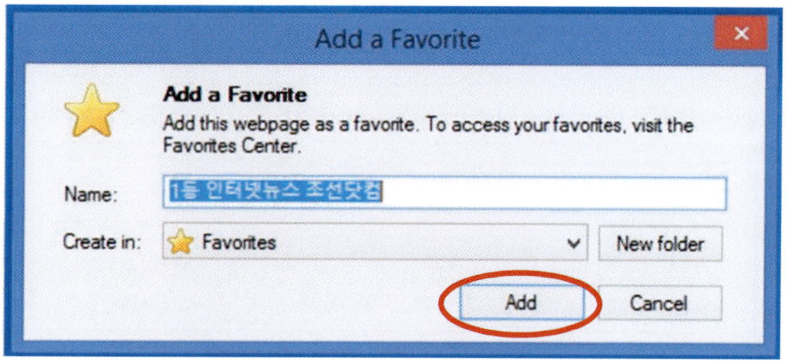

Figure 46 – Favorite 등록

2 번 버튼을 클릭하면 곧 Figure 46 와 같은 작은 Pop-Up 윈도우가 등장한다. 동그라미 쳐진 Add 버튼을 클릭하면 Figure 45 의 D 항목처럼 즐겨찾기 드롭다운 메뉴에서 찾을 수 있다.

</td>
</tr>
<tr>
<td>연습</td>
<td>

아래 웹사이트를 즐겨찾기 바에 등록하시오

- http://google.com
- http://daum.net

</td>
</tr>
<tr>
<td>용어</td>
<td>Favorites, One click, Favorite Bar, Drop-down Menu, Website Address</td>
</tr>
</table>

Topic:	Purpose:
27.웹서핑 - 웨더닷컴 (Web surfing – Weather.com) L-215	웹사이트와 친숙해지기
Prerequisite: L-212 Internet Explorer II (인터넷 익스플로러 II)	Memo

용도

Weather.com 은 Zip 코드를 입력하면 해당 지역의 최신 날씨 예보를 보여주는 웹사이트다.

사진 1

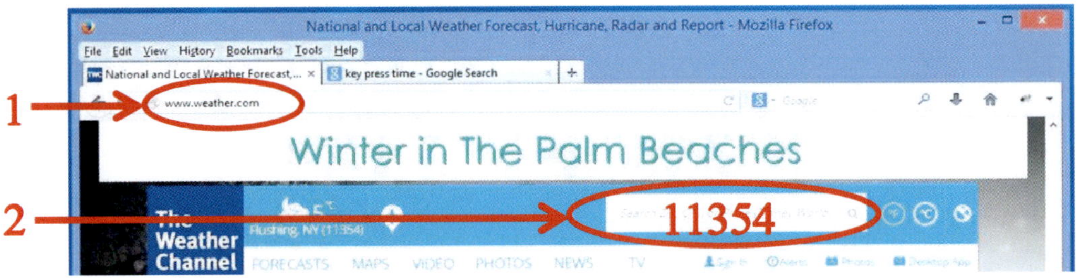

Figure 47 – 주소 입력

설명 1

1. IE 주소창에 weather.com 를 입력하고 이동
2. Weather.com 의 검색창을 찾아 zip 코드 입력하고 엔터

사진 2

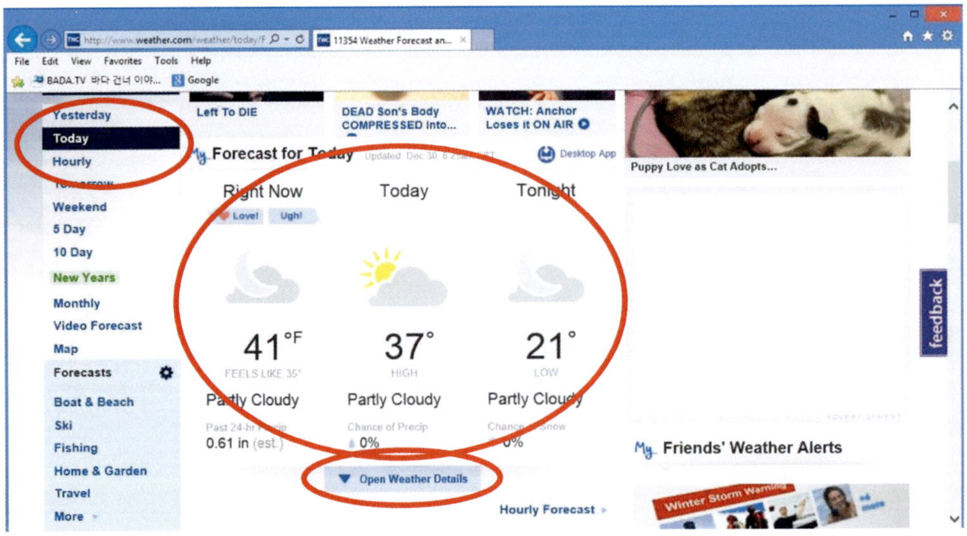

Figure 48 – 오늘의 날씨

설명 2	Present: 41°F, Partly Cloudy, Past 24 Hour Precip 0.61 In (화씨 41 도, 구름 약간, 지난 강수량 0.61 인치) Today: 37°F, Partly Cloudy, Precip 0 % (오늘 화씨 37 도, 구름 약간,강수 확률 0 퍼센트) Tonight: 21°F, Partly Cloudy, Precip 0 % (오늘밤 화씨 21 도, 구름 약간,강수 확률 0 퍼센트)
사진 3	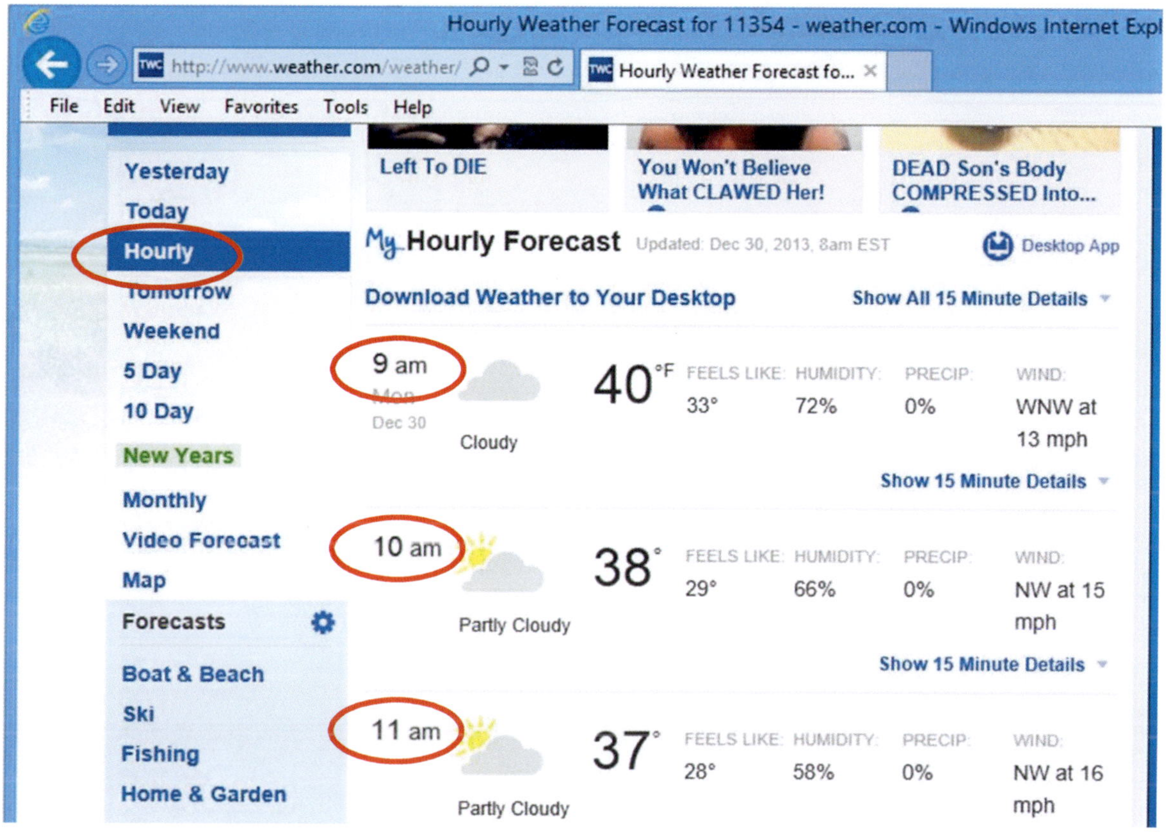 **Figure 49 - 시간대별 날씨**
설명 3	웹사이트 좌측에 있는 Hourly 메뉴를 클릭하면 매 시간의 일기예보 정보를 볼 수 있다.
용어	Website, Navigation, Info, Hourly, Precipitation

Topic: **28.웹서핑–다음 사전 (Web Surfing – alldic.daum.net) L-216**	Purpose: 웹사이트와 친숙해지기
Prerequisite: L-212 Internet Explorer II (인터넷 익스플로러 II)	Memo

용도	영어, 영영, 한국어, 일본어, 중국어 사전
사진 1	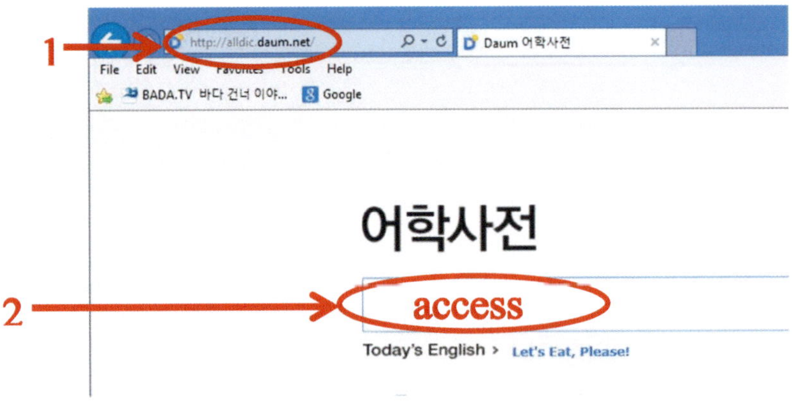 Figure 50 – 단어 입력
설명 1	1. IE 주소창에 alldic.daum.net 를 입력하고 이동 2. alldic.daum.net 의 단어 검색창을 찾아 단어 입력
사진 2	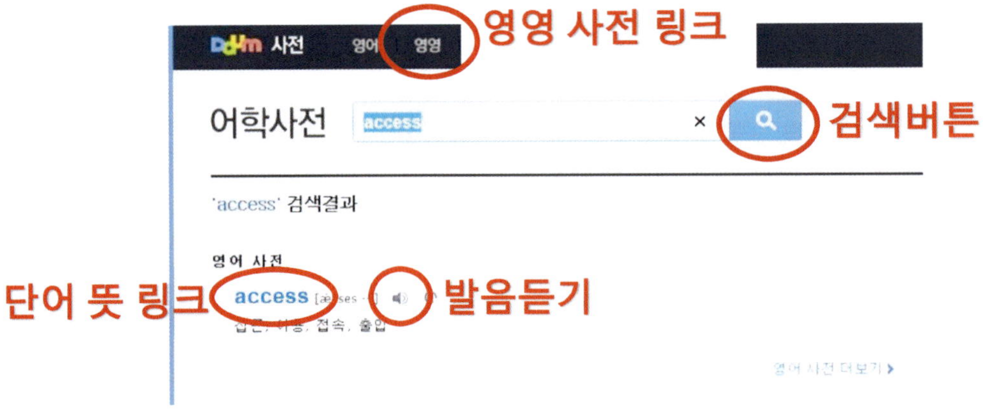 Figure 51 – 단어 검색 중간 결과

설명 2	일단 찾고 싶은 단어를 찾으면 원하는 링크 및 기능을 클릭한다. 1. 단어 뜻 링크 : 단어의 자세한 뜻과 연관 단어를 볼 수 있슴 2. 발음 듣기 : 해당 단어의 발음을 오디오로 들을 수 있슴 3. 영영사전 링크 : 영영 사전으로 전환 4. 검색 버튼 : 검색창에 새 단어 입력하고 클릭하면 다른 단어 검색 가능
사진 3	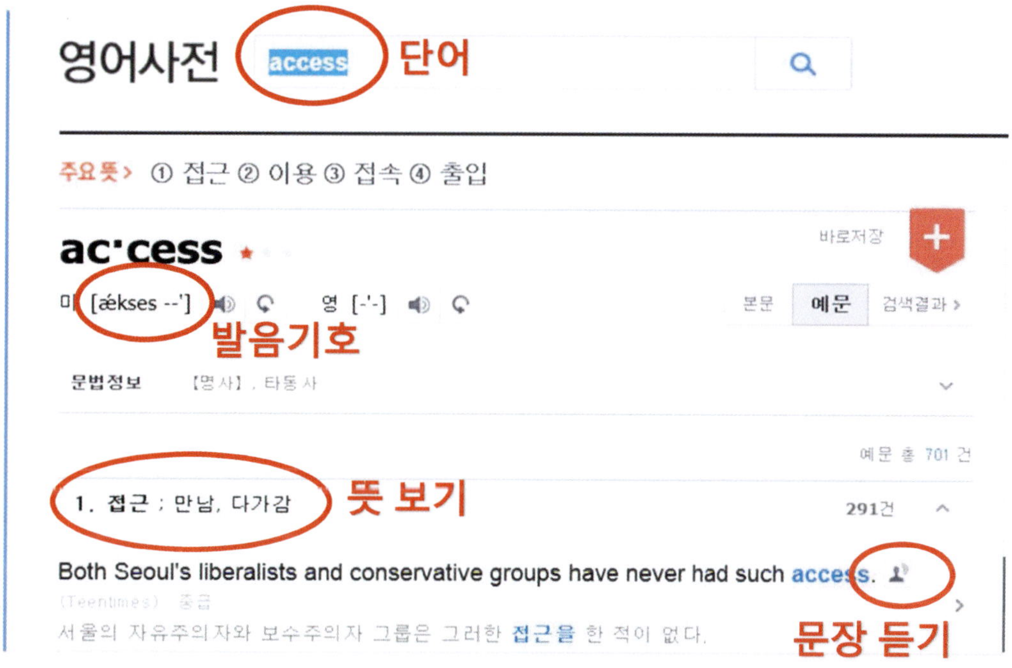 Figure 52 – 단어 뜻 보기
설명 3	단어의 자세한 의미와 각종 예문, 발음 기호를 볼 수 있다. 예문을 통째로 듣거나 상단 검색창에서 다른 단어를 검색 할 수 있다.
용어	Link, Function, Search button, Search box

Topic: **29.웹 서핑 연습 -웨더닷컴(Web surfing practice – Weather.com) L-217**	Purpose: 웹사이트 능숙하게 사용하기
Prerequisite: L-215 Web surfing – Weather.com (웹서핑 - Weather.com)	Memo

과제 1	플러싱(11354)의 오늘 밤 12 시 예상 기온을 말하시요 Tell me the temperature of Flushing (11354) tonight 12AM 정답 : ______________________________
과제 2	우드사이드(11377)의 현재 기온을 섭씨로 말하시요 Tell me the current temperature of Woodside (11377) in Celcius 정답 : ______________________________
과제 3	플러싱(11354)과 포트리(07024)의 다음 일요일 최고 기온을 비교하시요 Compare the highest temperature of Flushing (11354) and Fort Lee (07024) at next Sunday 정답 : ______________________________
과제 4	서울의 오늘 해지는 시각은? Tell me the today's sunset time of Seoul 정답 : ______________________________

Topic: **30.웹 서핑 연습 –다음 사전 (Web surfing practice – alldic.daum.net) L-218**	Purpose: 웹사이트 능숙하게 사용하기
Prerequisite: L-216 Web Surfing – alldic.daum.net (웹서핑– alldic.daum.net)	Memo

목표	다음 과제 중 4 가지만 선택하여 번역하시오
과제 1	It's time to start thinking about planning your dream trip next year. 정답 : ______________________________
과제 2	Cuba has been on the forefront of American travelers' minds. 정답 : ______________________________
과제 3	More than 11 million tourists visited Bangkok as of August 2013. 정답 : ______________________________
과제 4	Musicians and performance artists entertain the crowds in Portland, Maine in summer. 정답 : ______________________________
과제 5	Iceland today stands as one of the most exciting tourist destinations in Europe. 정답 : ______________________________
과제 6	Tel Aviv, Israel has been billing itself as a gay-friendly destination for a while now. 정답 : ______________________________

Topic: 31.웹페이지와 링크 (Webpage & Links) L-220	Purpose: 웹 페이지와 링크 이해하기
Prerequisite: L-216 Web Surfing – alldic.daum.net (웹서핑– alldic.daum.net)	Memo

사진 1	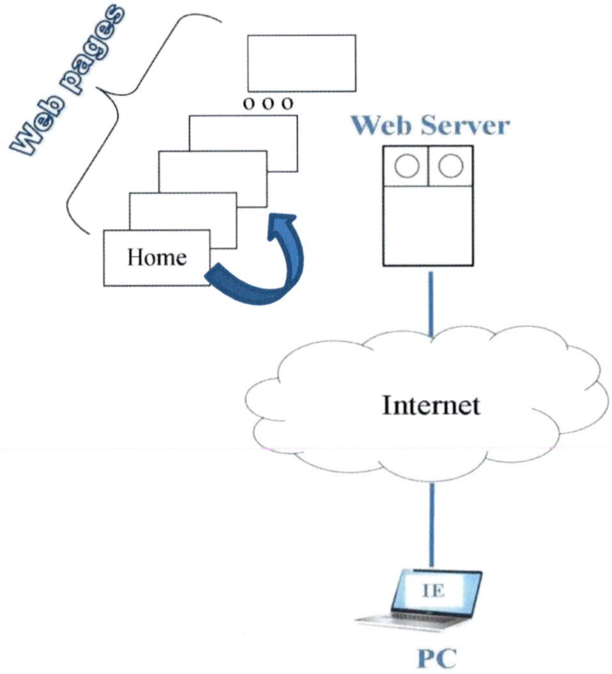 웹 페이지는 웹 서버의 데이타 장치에 보관되어 있다 Web pages are stored in the data storage at Web server **Figure 53 – 웹페이지와 링크**
HTML	웹 페이지는 HTML 이라는 언어로 작성되어 있다 The contents in web pages are written in HTML language

<table>
<tr><td>사진 2</td><td>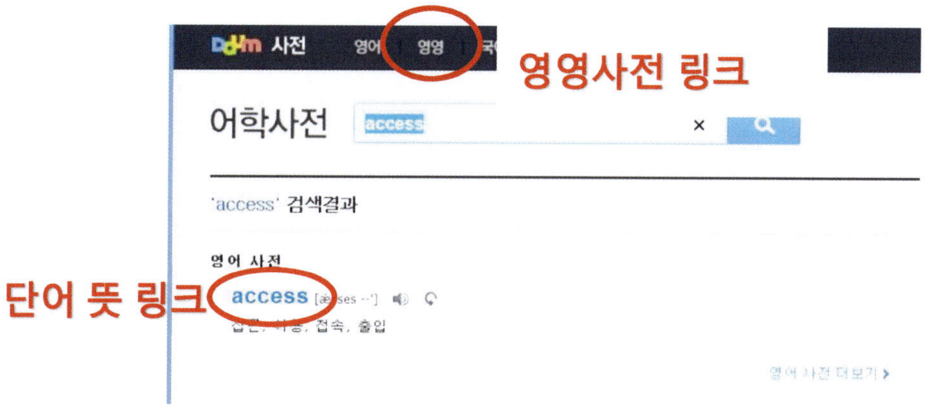

Figure 54 – 다음 사전 웹페이지 상의 링크</td></tr>
<tr><td>설명</td><td>링크 알아차리기 (To Identify a Link)

커서가 링크 위에 올라가면 손가락 모양으로 변한다.
The screen cursor will change its shape into “finger”, when on a link.

</td></tr>
<tr><td>용어</td><td>Web Page, HTML, Home Page</td></tr>
</table>

Topic: **32.검색엔진 & 키워드 (Search Engine & Keywords) L-221**	Purpose: 검색엔진 활용
Prerequisite: L-220 Webpage & Links (웹페이지 링크)	Memo

사진 1

왜 검색엔진이 필요한가?

Why Search Engine?

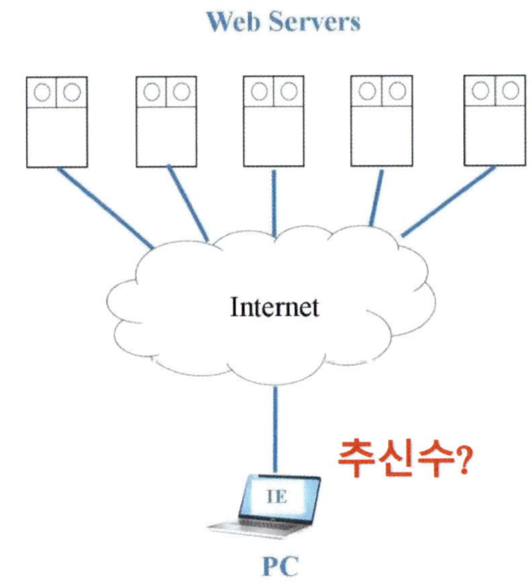

웹 사이트가 너무 많아서 주소를 다 기억할 수 없다

Too many websites to remember the URL address

Figure 55 – 어디로 가야하는가

설명 1

<u>검색 엔진의 주요 서비스 (Typical service by Search Engine)</u>

검색엔진은 키워드 별로 웹페이지의 링크 정보를 가지고 있다가, 검색요청이 있을 때 관련 링크만 골라서 사용자에게 제공한다.

Search engines have the link information by keyword(s) which may be selectively given to user on search request

<table>
<tr><td>사진 2</td><td>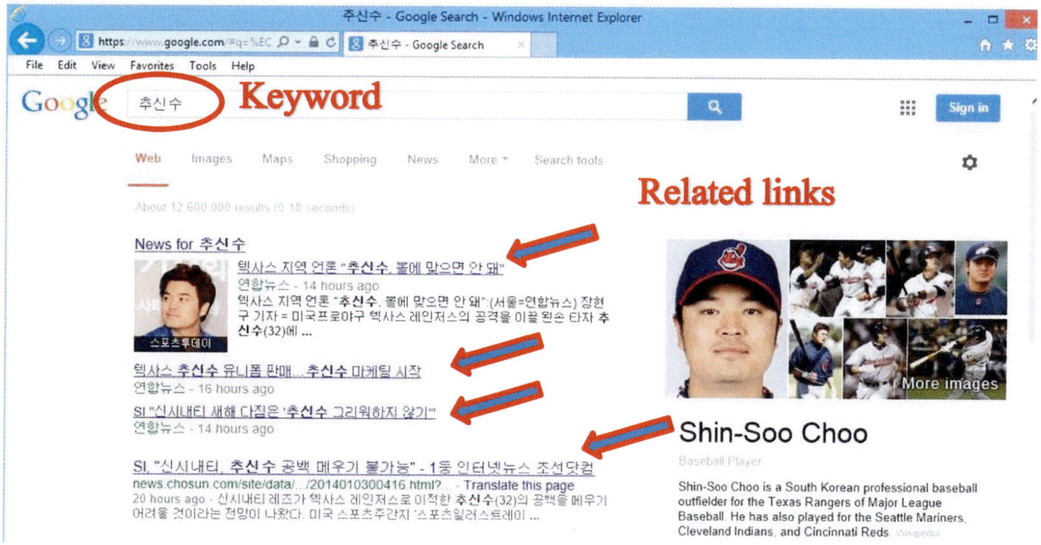

Figure 56 – 구글 검색 결과 : 추신수</td></tr>
<tr><td>설명 2</td><td>Figure 56 은 구글에서 추신수를 검색한 결과다. 우측에 추신수의 인물 사진과 영문 이름, 그리고 그에 대한 간략한 소개가 게시되어 있다.

Figure 56 consists of search result from google.com about Choo, Shin-Soo. On the right side of web page, there are some data about him including portrait, English spelling of the name, and short introduction of him.

페이지 좌측에는 그에 대한 뉴스 기사를 시작으로 검색 키워드가 포함된 웹사이트 검색 결과가 나타난다.

Left side of the page is the search result of websites that contains search keyword. Result starts from new results to regular webpages.</td></tr>
<tr><td>연습</td><td>구글 검색엔진에서, "오바마"를 키워드로 웹 링크를 검색하시오
Search the web links with keyword of "Obama" (http://google.com)</td></tr>
<tr><td>용어</td><td>Search Engine, Keyword, Website</td></tr>
</table>

Topic: **33.웹서핑 – 구글 지도(Web surfing – maps.google.com) L-225**	Purpose: 구글 지도 친숙해지기
Prerequisite: L-221 Search Engine & Keywords (검색엔진 & 키워드)	Memo

사진 1

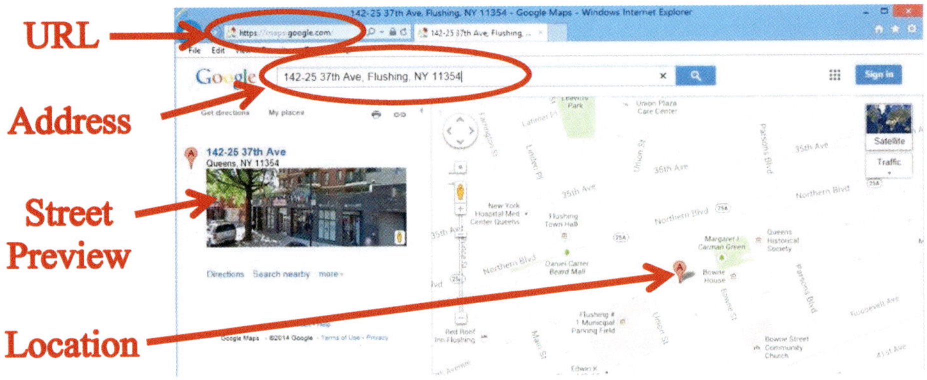

Figure 57 – 구글 지도

설명 1

인터넷 익스플로러에서 maps.google.com 으로 접속

Using IE, go to 'maps.google.com'

웹사이트 검색창에 주소를 입력하여 해당 주소 주변의 지도를 본다.

Type your address on search box to view map around the address.

페이지 구조

1. 검색창 : 페이지 상단에 위치
2. 지도창 : 화면 우측에 위치, 가장 큰 면적을 차지
3. 상세창 : 화면 왼쪽에 위치, 자세한 검색 결과 및 여러 기능 버튼이 있슴

기본 기능 소개

1. 검색창 : 정확한 주소 뿐 아니라 ZIP 코드, 가게 이름등도 검색 가능
2. 지도창 : 마우스휠을 돌리는 것으로 Zoom In(확대)와 Zoom Out(축소) 가능, 지도창을 드래그하면 해당 방향으로 지도가 움직인다.
3. 상세창 : 검색결과가 여럿일때 검색 목록을 보여줌.

<table>
<tr>
<td>사진 2</td>
<td>

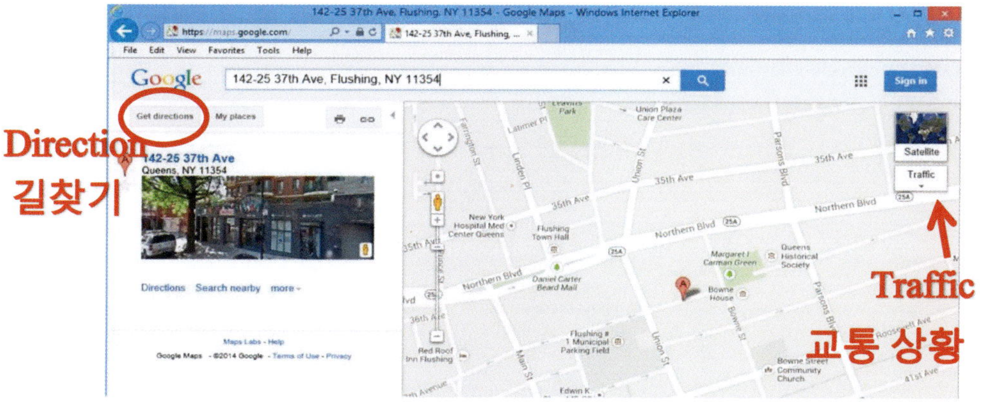

Figure 58 – 고급 기능 : 길찾기와 교통 상황

</td>
</tr>
<tr>
<td>설명 2</td>
<td>

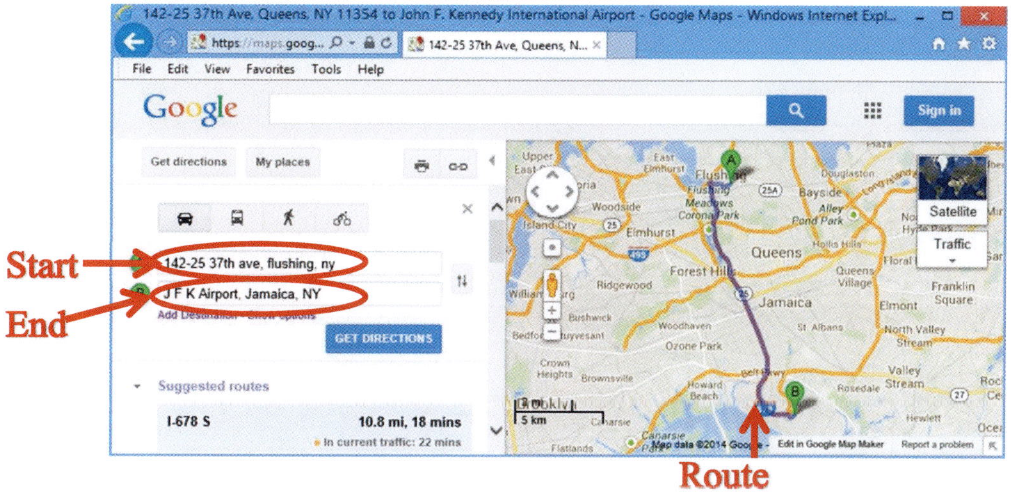

Figure 59 - 길찾기 기능 이용

Figure 59 에서 Get Direction(길찾기) 버튼을 클릭하면 상세창에서 시작 지점과 도착 지점의 주소를 입력하는 박스가 뜬다. 이곳에 두 주소를 입력하고 바로 밑의 파란색 Get Direction 버튼을 클릭하면 지도창에 보라색으로 최적의 루트가 등장한다.

</td>
</tr>
<tr>
<td>연습</td>
<td>Tell me the expected time from Flushing to Manhattan by car
플러싱에서 맨하탄까지 차로 갈 때 예상 시간을 말하시요</td>
</tr>
<tr>
<td>용어</td>
<td>Directions, Traffic, Route</td>
</tr>
</table>

Topic: **34.웹 서핑 연습 –구글 지도-I (Web surfing practice – maps.google.com-I) L-226**	Purpose: 구글 지도 능숙하게 사용하기
Prerequisite: L-225 Web surfing – maps.google.com (웹서핑 – 구글 지도)	Memo

목표	다음 과제를 순서대로 진행하시오
과제 1	구글 지도 웹사이트를 방문하시오 Navigate to http://maps.google.com website
과제 2	검색창에 11354 우편번호를 입력하고, 동네 지도를 보시요 Enter the ZIP code 11354 into the search field to see the local map
과제 3	지도 중앙에 있는 붉은 색 위치 마크 A 를 눌러서 팝업 메뉴를 띄우시요 Click the location mark “A” red colered in the middle of map, to see the pop-up menu
과제 4	팝업 메뉴 중 “Street View” 를 클릭하고, 실제 거리의 사진 이미지가 나오는지 보시요 Click the “Street View” on the pop-up menu to see the photo image of the street
과제 5	사진을 드래깅하여 거리 풍경이 움직이는지 확인하시요 Drag the photo around to see if the view moves

과제 6	지도 우측 상단의 X 버튼을 클릭하여, "Street View"화면을 닫으시요 Close the street view by clicking the X button at the upper right corner of the map
과제 7	지도 위에 커저를 올려 놓고, 지도를 드래깅하여 움직이는지 확인하시요 Move the cursor on the map, then drag the map around to see if it moves
과제 8	키보드의 "컨트롤" 키를 누른 상태에서 마우스의 바퀴(=휠)를 앞뒤로 움직여, 지도가 확대 / 축소되는지 확인하시요 Holding "CTRL" key on the keyboard, turn the "WHEEL" of the mouse back & forth to see the map zooms in / out
과제 9	드래깅과 확대/축소를 적절히 사용하여, 귀하의 집을 찾으시요 By dragging and zooming in/out properly, find your home on the map
과제 10	아이컨 맨을 집앞으로 드래깅하여, 거리 풍경을 보시요 Drag the icon man onto the street of your home to see the street view
과제 11	플러싱과 JFK 사이 도로에서, 교통체증이 있는 곳을 찾으시요 Find a traffic jammed location on the road between "Flushing" & "JFK".

Topic: **35.웹 서핑 연습 –구글 지도-II (Web surfing practice – maps.google.com II) L-227**	Purpose: 구글 지도 활용하기 - 고급
Prerequisite: L-226 Web surfing practice – maps.google.com I (웹 서핑 연습 – 구글 지도 I)	Memo

목표	다음 과제를 순서대로 진행하시오
과제 1	플러싱에서 맨하탄까지 운전하고 갈 때, 톨비 안내는 길을 찾으시오 Find the driving route from "Flushing" to "Manhattan" without a toll 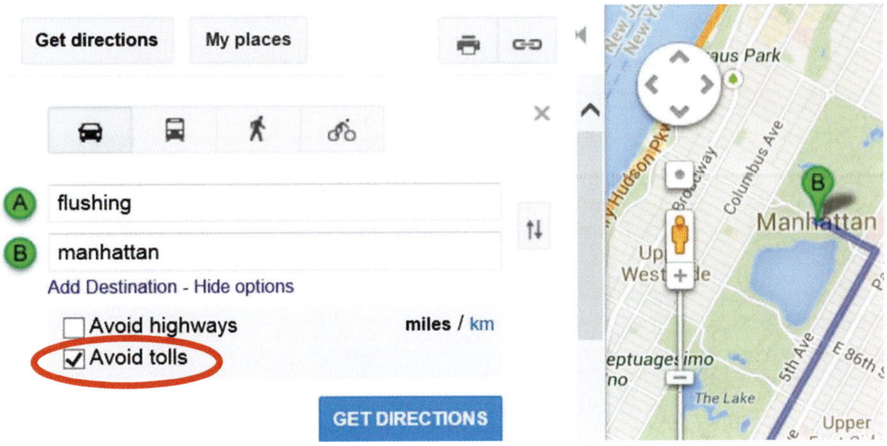
과제 2	플러싱에서 브롱스까지 운전할 때, 톨비 안내고 가는 길을 찾으시오 Find a driving route from "Flushing" to "Bronx" without a toll
과제 3	근처의 치과의사와 그의 전화번호를 찾으시오 Find a near-by dentist and his/her phone number
과제 4	Mahwah 까지 가는데 차로 얼마나 걸리는 지 maps.google.com 에서 알아보시요 Find the driving time to go "Mahwah" at http://maps.google.com
과제 5	구글 지도에서 집 근처의 사진을 감상하시요 Find a near-by photos at http://maps.google.com

<table>
<tr><td colspan="2">Topic:
36.웹 서핑 연습 – 복합(Web surfing practice – Composite) L-229</td><td>Purpose:
여러 웹사이트들을 찾아 검색하기</td></tr>
<tr><td colspan="2">Prerequisite:
L-227 Web surfing practice – maps.google.com II
L-216 Web Surfing – alldic.daum.net
L-215 Web surfing – Weather.com</td><td>Memo</td></tr>
<tr><td>목표</td><td colspan="2">다음 과제를 순서대로 진행하시오</td></tr>
<tr><td>과제 1</td><td colspan="2">북경의 영어이름을 다음 영어 사전(alldic.daum.net)에서 찾은 후, weather.com 에서 북경의 오늘 일출 시간을 찾으시요.
정답 : ______________________________</td></tr>
<tr><td>과제 2</td><td colspan="2">Weather.com 에서 플러싱 근처의 스키장을 찾고, 구글 지도 상의 거리를 말하시요 (톨비 낼 때와 안 낼때 각각)

정답 : ______________________________

Find a near-by ski resort at http://weather.com, and tell me the distance from here (with or without a toll respectively)</td></tr>
<tr><td>과제 3</td><td colspan="2">Weather.com 에서, 플러싱 (11354) 지역의 낚시 상황을 확인하고, 낚시하기 가장 좋은 (Excellent) 시간을 찾으시요

정답 : ______________________________

Please visit http://weather.com to find out the nearest ski resort from Flushing (11354) and check the driving time to go there at http://maps.google.com</td></tr>
</table>

Topic:

37.웹서핑 – 구글(Web surfing – google.com) L-230

Purpose:

웹사이트와 친숙해지기

Prerequisite:

L-227 Web surfing practice – maps.google.com II (웹서핑 연습 – 구글 지도 II)

Memo

사진 1

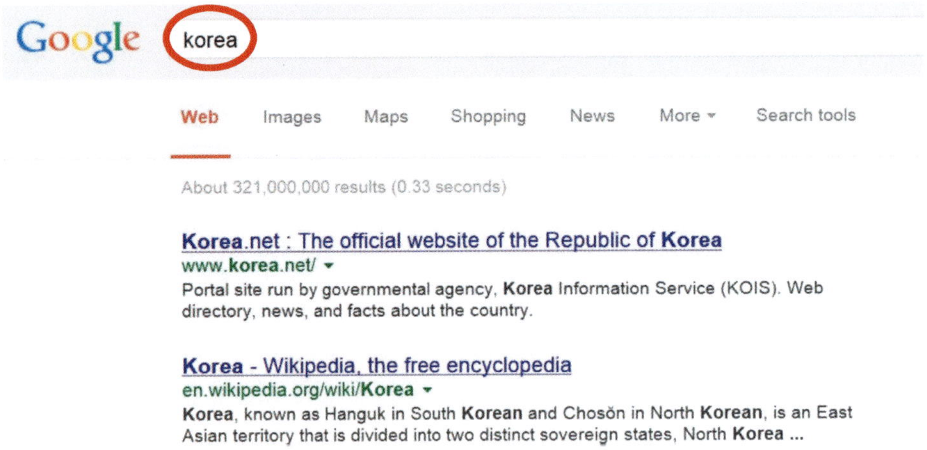

Figure 60 – 구글 검색 사례

설명 1

검색창에 Korea 라고 키워드를 입력하고 엔터키를 누른다

Type "Korea" into the search field as a keyword and press the enter key

사진 2

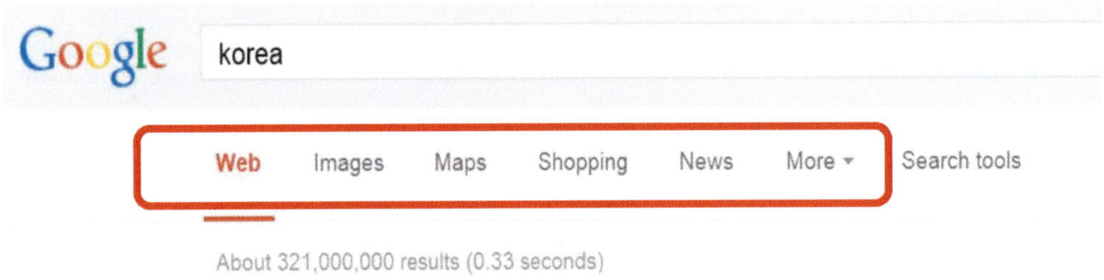

Figure 61 –컨텐츠 메뉴

설명 2	검색의 편의를 위하여 준비된 아래 메뉴를 사용하면, 웹 링크들을 미디어 종류별로 모아서 볼 수 있다. <u>Web (웹)</u> 모든 종류의 컨텐츠 링크가 나타난다 All kinds of contents links are listed <u>Images (이미지)</u> 이미지 링크만 모아 보여준다 Image links are listed <u>Maps (지도)</u> 구글 맵 서비스가 나타난다 Google map service comes out <u>Shopping (쇼핑)</u> 검색 키워드인 Korea 와 관계있는 쇼핑 정보만 모아 보여준다 Shopping information related with the keyword will be displayed <u>News (뉴스)</u> 검색 키워드인 Korea 와 관계있는 뉴스만 모아 보여준다. News article related with the keyword will be displayed <u>More (더 보기)</u> 보고 있는 컨텐츠 종류외에 더 많은 종류를 선택할 수 있다. (예: 책, 비디오, 블로그 등등) Shows menus for other contents like books/ video/ blog

Topic: 38.웹서핑 연습- 구글(Web surfing practice – google.com) L-231	Purpose: 구글 숙지
Prerequisite: L-230 Web surfing – google.com (웹서핑 – 구글)	Memo

과제

1. Task-1 (과제-1)

   눈(Snow)에 관련된 사진들을 찾으시요
   Search the pictures about snow

2. Task-2 (과제-2)

   "한국"관련 탑 뉴스를 찾으시요
   Search the top news regarding "Korea"

3. Task-3 (과제-3)

   "싸이 – 강남스타일" 동영상을 찾으시요
   Search the video, PSY – Gangnam Style

4. Task-4 (과제-4)

   길이 6 피트를 미터로 변환하시요
   Find an equivalent value in meter for 6 feet in length

5. Task-5 (과제-5)

   log 100 의 값을 구하시요
   Get value of "log 100"

6. Task-6 (과제-6)

   2014 년 서머타임(Daylight Savings Time)은 언제 시작합니까?
   When does the Daylight Savings Time start this year?

7. Task-7 (과제-7)

   뉴욕시의 세일즈 택스(NYC tax rate)는 ?
   Figure out our tax rate in NYC

8. Task-8 (과제-8)

   "senior apartment NYC"를 키워드로 검색한 후, 어떤게 광고인지 말하시요
   Find advertisements from the search result with keyword "senior apartment NYC"

9. Task-9 (괴제-9)

   귀하의 구글 계정에서 언어를 영어로 바꾼 후, 위의 과제를 다시 해보시요
   Change your language of Google account to "English" and try the above tasks again

Topic: **39. 드래깅(Dragging) L-232**	Purpose: 드래깅 연습
Prerequisite: L-109 Practice – Mouse Scroll (연습 – 마우스 이동)	Memo

개요	마우스 왼쪽 버튼을 누른 상태에서 마우스를 움직이는 것을 드래깅이라고 부른다
사진	 Figure 62 – 다중 선택의 예
방법	드래그 : 마우스 왼쪽 버튼을 계속 누르고 있는 상태 드랍 : 마우스에서 손가락을 때는 행위
활용 사례	1. 아이컨 위에서 클릭, 드래깅하여 아이컨을 다른 위치로 이동시킬 때 2. 아이컨 왼쪽 위 빈공간에서 클릭, 우측 아래 방향으로 드래깅하여 여러 아이컨들을 동시에 선택할 때

<table>
<tr><td>Topic:
40.오른쪽 클릭(Right Click) L-233</td><td>Purpose:
컨텍스트 메뉴 이해</td></tr>
<tr><td>Prerequisite:
L-232 Dragging (드래깅)</td><td>Memo</td></tr>
<tr><td>개요</td><td>마우스 오른쪽 버튼에 대해 알아본다</td></tr>
<tr><td>사진</td><td>

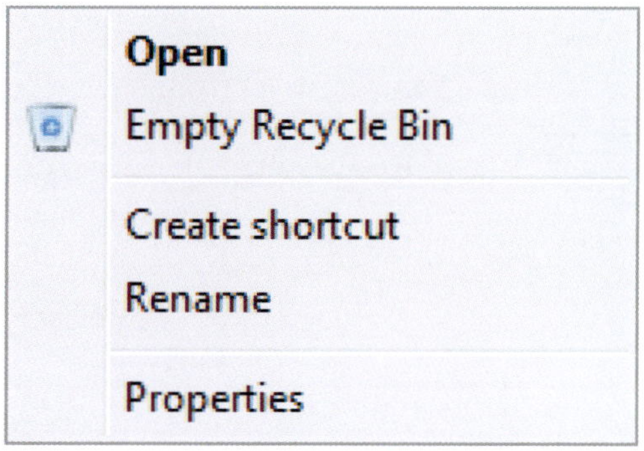

Figure 64 – 휴지통의 컨텍스트 메뉴

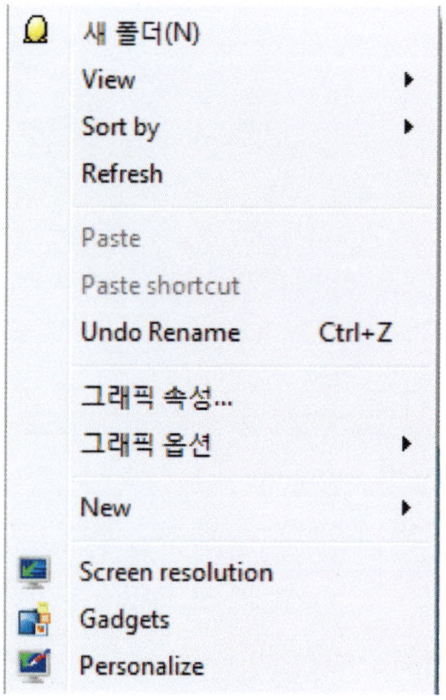

Figure 63 – 바탕화면 빈 공간의 컨텍스트 메뉴

</td></tr>
<tr><td>용도</td><td>커저 포인터가 가리키는 지점에서 사용할 수 있는 팝업 메뉴(=컨텍스트 메뉴)를 펼침</td></tr>
<tr><td>연습</td><td>

1. 바탕화면의 빈공간에 마우스 커저 포인터를 가져다 놓고 오른쪽 클릭
2. 컨텍스트 메뉴가 나오면 제일 위에 있는 메뉴를 선택, 클릭하고 결과를 관찰한다
3. 휴지통 아이컨 위에 커서 포인터를 올려 놓고
4. 컨텍스트 메뉴가 나오면 제일 위에 있는 메뉴를 선택, 클릭하고 결과를 관찰한다

</td></tr>
</table>

Topic: **41.키보드-II (Keyboard- II) L-234**	Purpose: 키보드를 자세히 알아본다
Prerequisite: L-117 Practice – Keyboard (연습 – 키보드)	Memo

사진

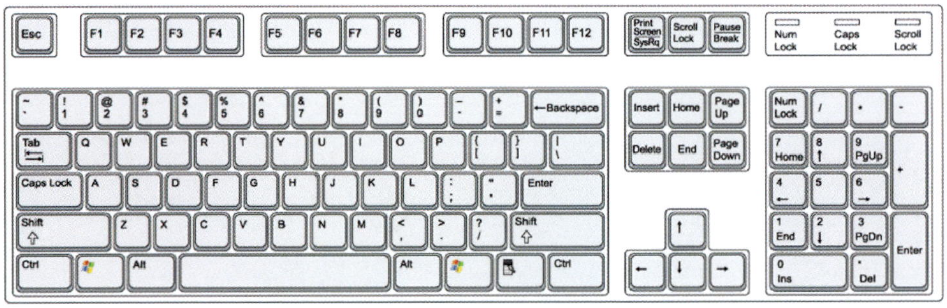

Figure 65 - 일반적인 키보드

요령	키보드를 잘 쓰기 위해선 자판 위치를 숙지해야 한다	
문자	1. 영문 : qwerty 방식 사용 – 과거 타자기에서 사용하던 방식을 그대로 이용함 2. 한글 : 일반적으로 두벌식 자판을 사용	 Figure 66 - qwerty(쿼티)식 키보드
숫자	1. 키보드 상단 두번째 줄에 1, 2, 3 ~ 8, 9, 0 으로 이어지는 일자형 숫자키 있음 2. 데스크 탑용 키보드에는 상기 1 번 외에, 계산기식 숫자 패드가 키보드 우측에 또 있으며, 숫자와 화살표를 입력할 수 있음. 숫자패드 좌측 상단에 있는 “Num Lock”키를 눌러서 숫자와 화살표 중 한가지를 선택하는 방식이므로, 사용전에 “Num Lock” 키를 확인 또는 조정(토글 방식)해야 한다. ※토글 (Toggle) 방식 : 누를 때 마다 값이 바뀌는 방식 ※토글 스위치: 처음 누르면 켜지고, 두번째 누르면 꺼지는 스위치	 Figure 67 - 일반적인 숫자패드

<table>
<tr>
<td>기호</td>
<td colspan="2">1. 키보드 맨 왼쪽 밑에서 두번째에 위치한 Shift 를 누른 상태에서 위의 일자형 숫자키를 누르면 여러 종류의 기호 입력 가능
2. 일부 기호들은 문자키 배열 우측과 오른쪽 숫자패드 주변에 위치함</td>
</tr>
<tr>
<td>명령 버튼</td>
<td>1. Enter : 프로그램을 선택한 뒤 실행, 작문 중 다음 줄로 넘어가기, 입력을 완료하고 다음으로 넘어가는 등 다용도로 사용됨.
2. Space : 작문 중 띄어쓰기를 할때 사용
3. Back Space : 직전에 입력한 문자를 지울때 사용
4. Shift : 특수 문자, 대문자, 혹은 한글의 된소리(ㅃㅉㄸㄲ등..)을 입력할때 사용.
5. Del : 커저의 오른쪽 글자를 지울 때 사용, 한번 누를 때마다 한 글자씩 지워진다.</td>
<td>

Figure 68 - 엔터 키

Figure 69 - 쉬프트 키</td>
</tr>
<tr>
<td>용어</td>
<td colspan="2">키보드(Keyboard), 엔터(Enter), 쉬프트(Shift), 백 스페이스(Back Space), 스페이스(Space), 퀴티(qwerty), 숫자 패드</td>
</tr>
</table>

<table>
<tr><td>Topic:
42. 재부팅(Restart) L-237</td><td>Purpose:
한번에 컴퓨터를 끄고 키는 것을 이해</td></tr>
<tr><td>Prerequisite:
L-100 FUNDAMENTALS (왕초보)</td><td>Memo</td></tr>
</table>

<table>
<tr><td>개요</td><td>컴퓨터 셧다운 후 자동으로 다시 부팅한다</td></tr>
<tr><td>사진</td><td>

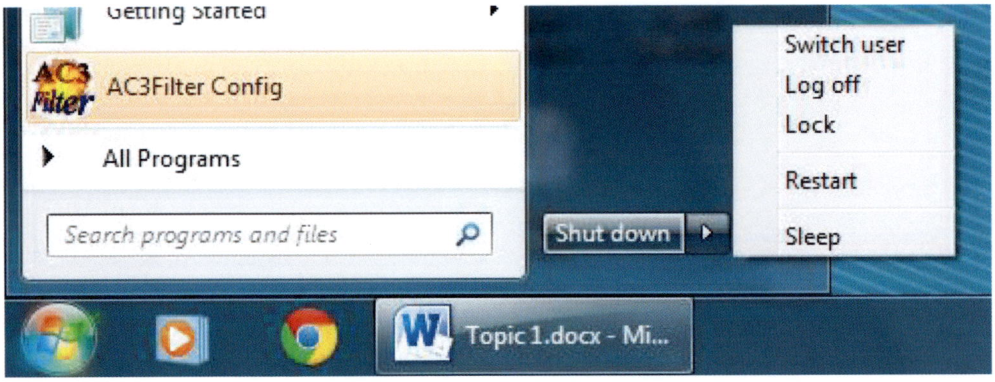

Figure 70 – 셧다운 메뉴

</td></tr>
<tr><td>절차</td><td>

Start -> Triangle button -> Restart

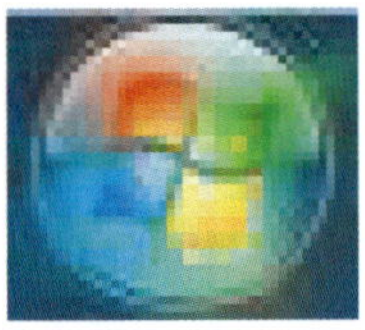

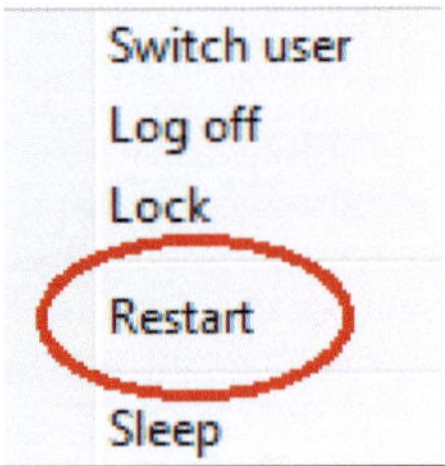

</td></tr>
<tr><td>요령</td><td>스타트 버튼을 클릭한 뒤 셧다운 버튼 오른쪽에 위치한 삼각형이 그려진 버튼을 클릭, 그 후 새로 나온 리스트에서 Restart 를 찾아 클릭한다</td></tr>
<tr><td>확인</td><td>

1. 컴퓨터 모니터가 켜져있으면 종료화면이 나타난다.
2. 컴퓨터가 완전히 종료하면 다시 재 기동하면서 부팅이 된다.

</td></tr>
<tr><td>용도</td><td>

1. 컴퓨터를 사용해야하는데 너무 장시간 켜져 있었을 경우 시스템을 깔끔하게 시작하기 위해 사용
2. 소프트웨어 업데이트 시 설치 프로그램이 리스타트(=리부팅)을 요청하면 사용한다.

</td></tr>
</table>

<table>
<tr><td colspan="2">Topic:
43.다양한 전원 옵션(Variety of Power option) L-238</td><td>Purpose:
컴퓨터 전원 상태를 이해</td></tr>
<tr><td colspan="2">Prerequisite:
L-237 Restart (재부팅)</td><td>Memo</td></tr>
<tr><td>개요</td><td colspan="2">여러 전원 옵션과 그 용도에 대해 알아본다</td></tr>
<tr><td>사진</td><td colspan="2">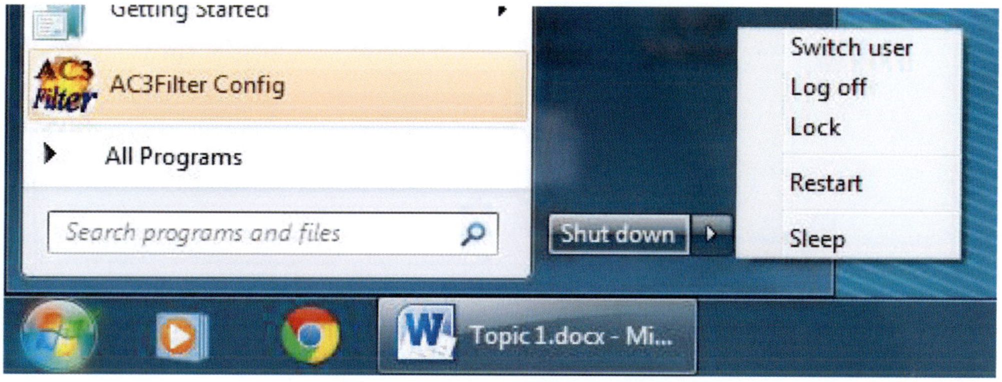
Figure 71 – 셧다운 메뉴</td></tr>
<tr><td>용도</td><td colspan="2">1. Shutdown: 컴퓨터의 전원을 완전히 차단할 때 사용
2. Switch User: 여러명이 사용하는 컴퓨터일때 다른 사람의 계정으로 접속하기 위해 현재 사용중인 사람의 작업을 잠시 중지시키는 기능
3. Lock: 개인이 사용하는 컴퓨터를 잠시 자리를 비워놓을때 다른 사람이 사용하지 못하도록 잠금
4. Sleep: 컴퓨터를 사용 안할때 사용. 셧다운과 비슷하지만 전원을 완전히 차단하지 않음</td></tr>
</table>

Chapter III. Internet Navigation

제 3 장. 인터넷 활용

Chapter III. Internet Navigation (제 3 장. 인터넷 활용)

인터넷 활용 코스는 인터넷 기초 코스를 마친 분을 대상으로 하며, 본격적인 인터넷 서핑을 시작하는 과정이다.

인터넷 검색이 본격화되면 절실히 필요해지는 탭드 브라우징 (Tabbed Browsing)을 이 쯤에서 익히고 난 후, 온라인 쇼핑으로 들어 간다.

온라인 쇼핑에서는 아마존닷컴(http://amazon.com)을 방문, 카테고리와 검색법, 사용요령을 공부한 후, 상품 찾는 실습과 직접 주문하는 실습을 한다. 그 외 이베이 등 10 여개 인터넷 쇼핑몰을 소개하고 둘러본다.

한편, 한국에서 유행하기 시작한 해외 직접 구매의 시대적 배경과 더불어 널리 알려진 쇼핑 사이트들을 소개한다.

쇼핑몰 회원 가입 등의 개인 보안이 중요시되는 싯점이 이 때이기 때문에, 아이디(ID)와 암호(Password) 등 개인정보의 공개/비공개에 대한 의미를 검토하는 시간을 가지며,

윈도우즈 사용자 계정을 만드는 법을 공부하므로서 인터넷 웹사이트 계정과 윈도우즈 계정의 차이점을 이해하는지 점검한다.

이후, 이해관계가 일치하는 사람들이 모이는 온라인 공동체(Online Community)에 대해 공부한다. 미국에서 대표적인 크레익스리스트 (http://craigslist.org)를 방문하여 도시 중심의 커뮤니티 게시판 형태로 운영하는 이 사이트의 메뉴와 컨텐츠를 숙지해, 필요시 활용할 수 있는 능력을 키운다.

이제, 배웠으니 재미를 붙일 차례다. 볼거리가 많은 웹사이트의 주소를 소개받아 하나씩 알아가면서 차츰 웹 컨텐츠에 흥미를 가지게 된다. 재미를 느끼고 나중에 혼자서 웹서핑을 하게 되는게 목표다.

최근 소셜 네트웍에 대한 관심이 대단하다. 대표적인 소셜 네트워킹 사이트인 페이스북 (http://facebook.com)을 위시하여 전문직 중심의 사이트인 링크드인(http://linkedin.com) 등 몇가지 사이트를 둘러보고, 온라인 커뮤니티와의 차이점 및 장점 등을 공부한다.

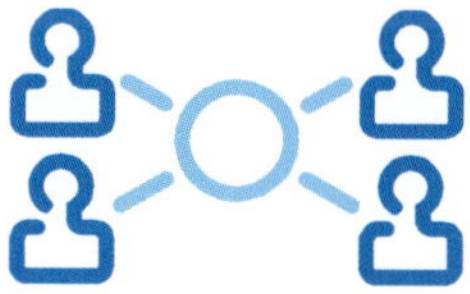

Topic:	Purpose:
44.탭드 브라우징(Tabbed Browsing) L-310	인터넷 익스플로러에서 탭 사용하기
Prerequisite: L-230 Web surfing – google.com (웹서핑 – Google.com)	Memo

소개

한 웹브라우저 윈도우에 여러 웹사이트를 열게 해 주는 기능. 새로운 탭을 만들면서 웹페이지를 열 수 있고, 원하는 탭을 클릭하므로서 액티브 웹페이지를 선택할 수 있다.

A feature that enables you to open multiple websites in a single browser window. Can open webpages in new tabs, and switch between them by clicking the tabs you want to view

탭 열기

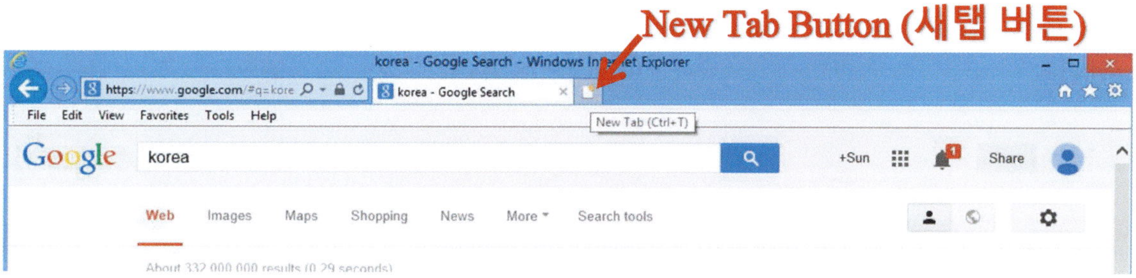

Figure 72 –새탭 버튼

Click the "New Tab Button" / "새탭 버튼"을 누른다

탭 닫기

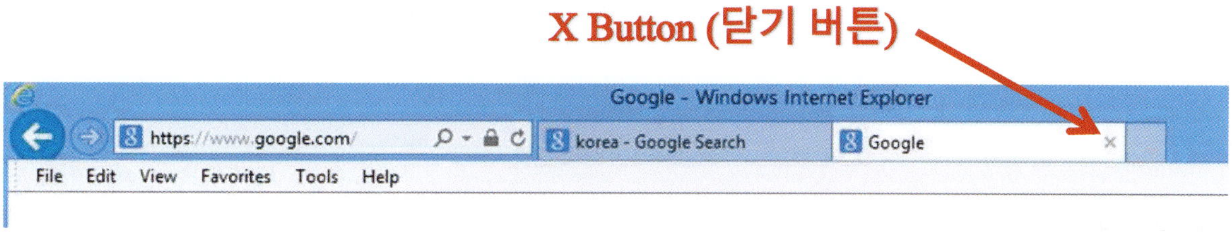

Figure 73 –새탭 버튼

Press the X button at the tab header/ 탭 헤더의 X 버튼을 누른다

<table>
<tr><td>새 탭</td><td>

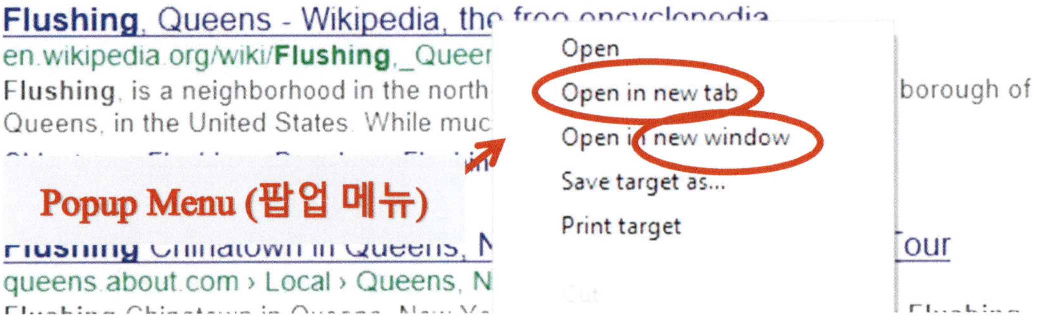

Figure 74 –새탭 버튼

웹 링크에서 오른 클릭한 후, 팝업 메뉴에서 “새탭 열기” 클릭

Right click on a web link to see a popup (context) menu; And click on “Open in New Tab”

</td></tr>
<tr><td>현재 탭을 즐겨찾기에 추가</td><td>

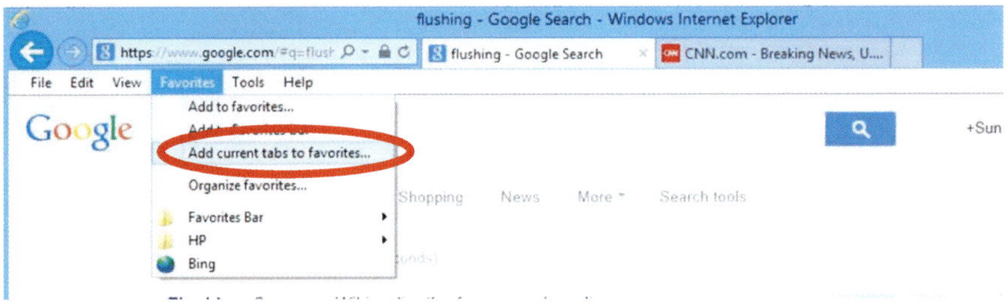

Figure 75 –새탭 버튼

“현재 탭들을 모두 즐겨찾기에 추가” 옵션을 클릭하여 등록

Click “Add current tabs to favorites” option to save all tabbed URLs

</td></tr>
<tr><td>용어</td><td>Tabbed Browsing</td></tr>
</table>

Topic: 45.연습 – 탭드 브라우징(Practice – Tabbed browsing) L-311		Purpose: 탭드 브라우징 숙지
Prerequisite: L-310. Tabbed Browsing (탭드 브라우징)		Memo
연습	a. Task-1 (과제-1) 구글닷컴(http://google.com)으로 가시요 Navigate to http://google.com b. Task-2 (과제-2) 새 탭을 열고 조선일보(http://chosun.com)를 보시요 Open a new tab and navigate to http://chosun.com c. Task-3 (과제-3) 컨텍스트 메뉴(오른 클릭)를 이용해서, 첫번 째 뉴스 기사를 새 탭에서 읽으시요 Open the 1st news article at new tab by context menu (right click on the link) d. Task-4 (과제-4) 첫번째 탭을 닫고 조선일보(http://chosun.com)을 다시 보시요 Close the 1st tab to switch to http://chosun.com again	

연습	e. Task-5 (과제-5) 컨텍스트 메뉴(오른 클릭)를 이용해서, 두번 째 뉴스 기사를 새 탭에서 읽으시요 Open the 2nd news article at new tab by context menu (right click on the news) f. Task-6 (과제-6) 모든 탭을 즐겨찾기에 한번에 등록하면서, 폴더 이름을 "test"라고 하시요 Save all tabs as favorite URLs with folder name of "test" g. Task-7 (과제-7) 웹 브라우저를 최소화시키시요 Minimize the web browser h. Task-8 (과제-8) 웹 브라우저를 다시 띄우면서, 조선일보 홈페이지를보시요 Restore the web browser back to see http://chosun.com

Topic:	Purpose:
46.웹페이지 레이아웃(Webpage layout) L-320	웹페이지에 익숙해지기
Prerequisite: L-310 Tabbed Browsing (탭드 브라우징)	Memo

일반적 레이아웃

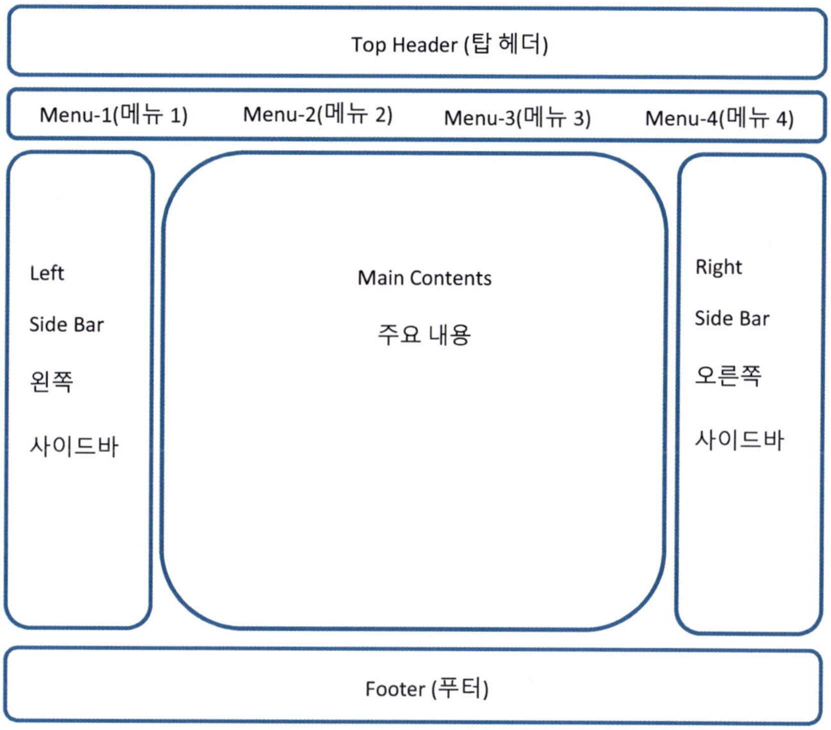

Figure 76 – 구글 검색 : Korea

용도	Top Header (탑헤더)	Logo / Business	로고 / 비지니스 명
	Menu Bar (메뉴 바)	Menus	메뉴
	Left Side Bar (왼쪽 사이드바)	Sub Menu/ Option	서브 메뉴 / 옵션
	Right Side Bar (오른 사이드바)	Ad. / Notice	광고 / 알림
	Main Contents (주요 내용)	Major Contents	핵심 내용 표시
	Footer(푸터)	Common Contents...	공통내용, 주석, 기타

참조 사이트	1. http://weather.com 2. http://amazon.com
용어	Webpage, Layout, Header, Footer, Menu, Side Bar,

Topic: **47.온라인 쇼핑 (Online shopping) L-330**	Purpose: 온라인 쇼핑 이해하기
Prerequisite: L-320 Webpage layout (웹페이지 레이아웃)	Memo

온라인 쇼핑이란	소비자가 인터넷에서 웹브라우저를 사용하여 상품을 구매하는 전자 상거래 형식 A form of electronic commerce where consumers buy goods or services from a seller over the Internet using a web browser

전자 상거래 사이트	http://amazon.com	Books, Electronics	서적, 전자제품 등 세계 최대
	http://ebay.com	Online Auction	온라인 경매
	http://zappos.com	Clothing, Shoes	의류, 신발
	http://walmart.com	Department Store	백화점
	http://ikea.com	Furniture	가구
	http://bestbuy.com	Electronics	전자제품
	http://expedia.com	Airline Ticket	항공권
	http://shopathome.com	Comparison	가격비교
	http://whatisblik.com	Removable Graphics on walls	벽 장식
	http://etsy.com	Home-crafted Items	수공예
	http://theoutnet.com	Luxury Fashion Discounted	할인 럭셔리 패션
	http://staples.com	Office Supplies	사무용품
	http://groupon.com	Coupon Site	쿠폰
	http://overstock.com	Discount Store	할인점
	http://fab.rcom	Design Products	디자인 제품
	http://ticketmaster.com	Tickets	티켓
	http://match.com	Dating	데이트
	http://craigslist.org	Local Community	지역커뮤니티
	http://heykorean.com	Korean Community	한인 커뮤니티

결제 수단	Credit / Debit Card (크레딧 / 데빗 카드) 카드번호, 이름, 유효기간, CVN Card Number, Name, Expiration, CVN(Card Verification Number) Pay Pal (페이팔) 페이팔 어카운트에서 결제 Redirect to Pay Pal Account Google Checkout (구글 체크아웃) Smart Card (스마트 카드) Electronic Fund Transfer (이에프티) Amazon Gift Card (아마존 선물권) 아마존 쇼핑몰에서 사용, 유효기간 없음 이메일로 선물 전달 가능 여러가지 디자인 (생일, 감사, 결혼, 발렌타인 등)
영수증	영수증은 이메일로 제공된다. Receipt is given to a buyer by email.
배송 추적	배송추적 번호가 이메일로 오면, 배송 업체 웹사이트에서 배달 상황을 확인할 수 있다 Tracking number is given by email, which could be used to check the delivery status at the delivery carrier's website
용어	Tracking, EFT, e-Commerce, CVN

Topic: 48.연습 – 상품 조사(Practice – Goods survey) L-331	Purpose: 아마존 검색 요령 배우기
Prerequisite: L-330 Online shopping (온라인 쇼핑)	Memo

과제	a. Task-1 (과제-1) 아마존닷컴(http://amazon.com)으로 가시요 Navigate to http://amazon.com b. Task-2 (과제-2) 1 호 연필을 찾고 그 가격을 말하시요 Search the pencil No.1 to check the price c. Task-3 (과제-3) 휴대용 돋보기를 찾고, 그 종류가 몇개나 되는지 알아보시요 Seek a **magnifier** and the number of similar kinds d. Task-4 (과제-4) 싸구려 금반지를 찾고 마음에 드는 디자인을 고르시요 Seek a cheap **gold ring** and tell the design you like e. Task-4 (과제-4) 의류(Clothing)부에서 고객 평가점수가 높은 넥타이를 찾으시요 Seek the **necktie** with the highest customer review in clothing department f. Task-5 (과제-5) 고객 평가 점수가 4.0 이상인 염가형 바인더를 찾으시요 Seek a cheap **binder** with the customer review higher than 4.0

<table>
<tr><td colspan="2">Topic:
49. 연습 - 온라인 쇼핑 (Practice – Online shopping) L-332</td><td>Purpose:
온라인 쇼핑 맛보기</td></tr>
<tr><td colspan="2">Prerequisite:
L-330 Online shopping (온라인 쇼핑)</td><td>Memo</td></tr>
<tr><td>과제</td><td colspan="2">a. <u>Task-1 (과제-1)</u>
아마존닷컴(http://amazon.com)으로 가시요
Navigate to http://amazon.com

b. <u>Task-2 (과제-2)</u>
다음 상품을 찾으시요, “Mini Sleeve for 1000 Series”
Search the goods, “Mini Sleeve for 1000 Series”

c. <u>Task-3 (과제-3)</u>
수량을 10 으로 정한 후, 금액을 확인하시요
Set the quantity to 10 and confirm the amount

d. <u>Task-4 (과제-4)</u>
상품을 쇼핑카트에 담으시요
Add the goods to the shopping cart

e. <u>Task-5 (과제-5)</u>
체크아웃으로 가서 주소를 준다
Proceed to checkout to give address

f. <u>Task-6 (과제-6)</u>
운송 속도 옵션을 정하고 계속하시요
Choose a shipping speed and continue

g. <u>Task-7 (과제-7)</u>
크레딧 카드로 지불 수단을 정하시요
Select payment method as credit card

h. <u>Task-8 (과제-8)</u>
최종 확인 후, 주문하시요
Review details and place your order</td></tr>
</table>

Topic: **50. 해외 직접 구매(Overseas Shopping) L-333**	Purpose: 해외 직접 구매 추세 검토
Prerequisite: L-330 Online shopping (온라인 쇼핑)	Memo

개요	한국인이 해외 인터넷 쇼핑몰에 직접 주문하고 항공편으로 배송을 받는 구매형태 Korean purchase way to place an order at an overseas Internet shopping mall and receive a delivery via air mail		
전자 상거래 사이트	http://6pm.com	Shoes	미국, 신발
	http://amazon.com	General	미국, 종합
	http://gap.com	Clothing	미국, 의류
	http://ralphlauren.com	Kid Clothing	미국, 아동의류
	http://drugstore.com	Vitamin	미국, 비타민
	http://vitatra.com	Vitamin	미국, 비타민
	http://muji.net/store	General	일본, 잡화
	http://biccamera.com	Electronics	일본, 종합가전
	http://hmv.co.jp	CD, DVD	일본, 씨디/디비디
	http://taobao.com	Interior Stuffs	중국, 인테리어 소품
	http://amazon.de	General	독일, 종합
	http://nespresso.com/de/en/home	Capsule Coffee	독일, 캡슐 커피
	http://starbucksstore.de	Syrup	독일, 시럽

해외 직구 이유	수입상보다 저렴 (Cheaper than the importers) 신제품 (New Items) 넓은 선택의 폭 (Wide Choice) 크레딧 카드 통용 (Credit Card Acceptable) 페이팔 통용 (Pay Pal) 한·미 FTA 로 미화 200 달러까지 무관세 (No tariff under $200 by FTA ()) 구매 대행 업체 (Purchase Agent in Business)
주의 사항	반품 곤란 (Hard to return) 사기 (Scam)
용어	Pay Pal, Scam, Return

Topic: 51.아이디와 암호(ID & Password) L-340	Purpose: 보안 수단의 이해
Prerequisite: L-330 Online shopping (온라인 쇼핑)	Memo

식별	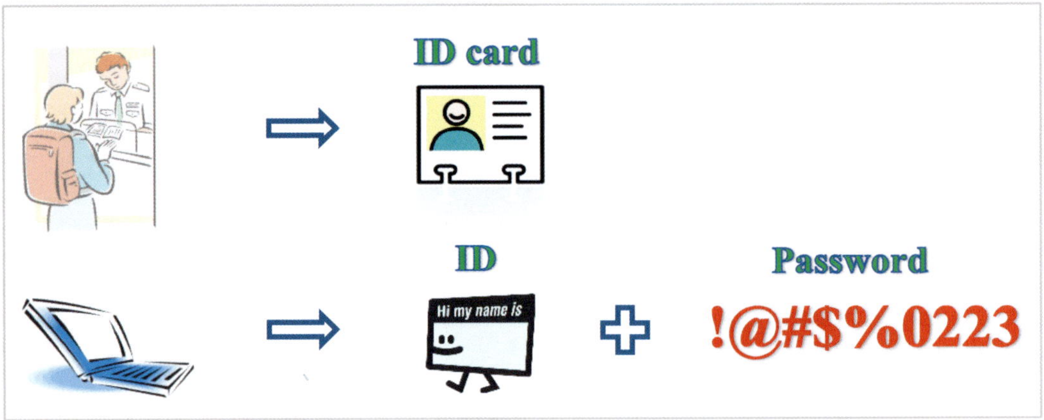 Figure 77 – 실생활의 보안과 인터넷 보안
많은 아이디 필요	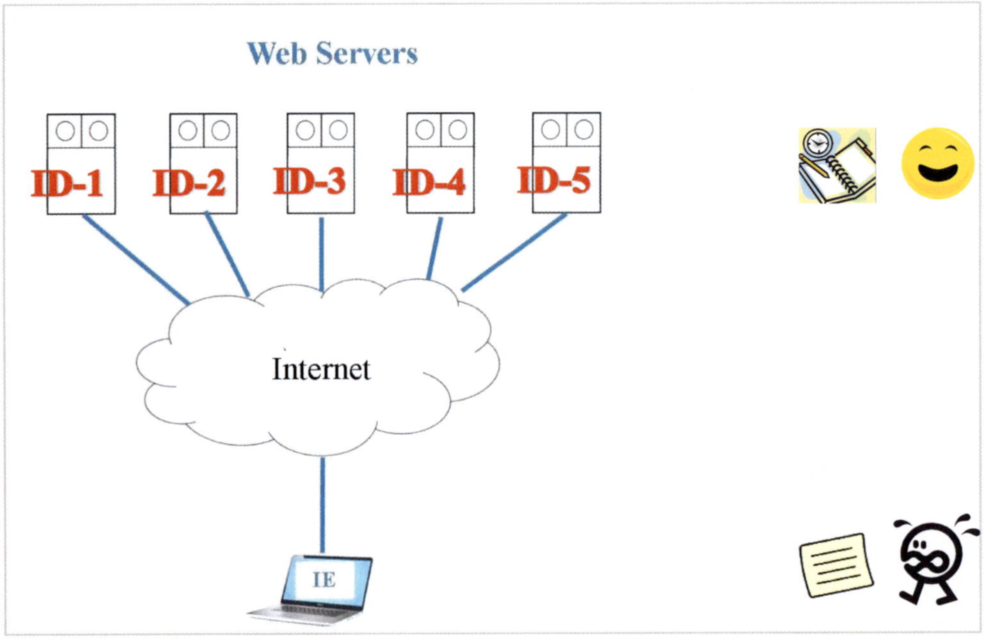 Figure 78 – 많은 아이디 필요

방문자의 상태	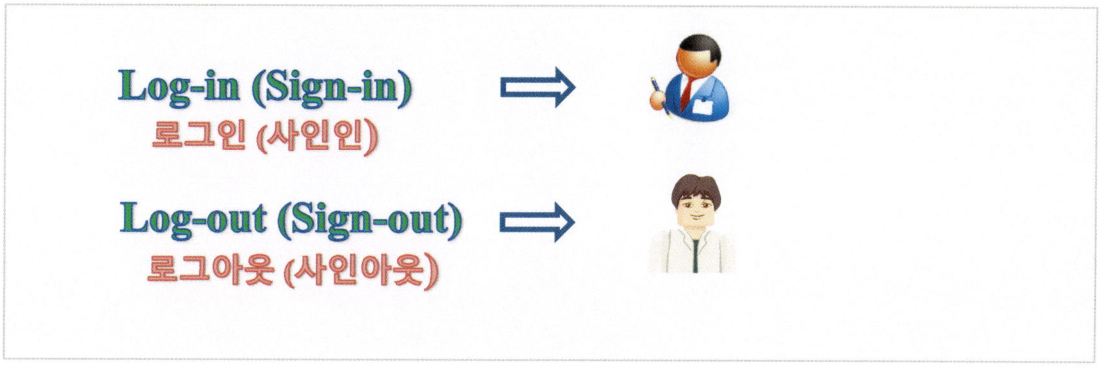 Figure 79 – 로그인과 로그 아웃
공개 영역과 비공개 영역	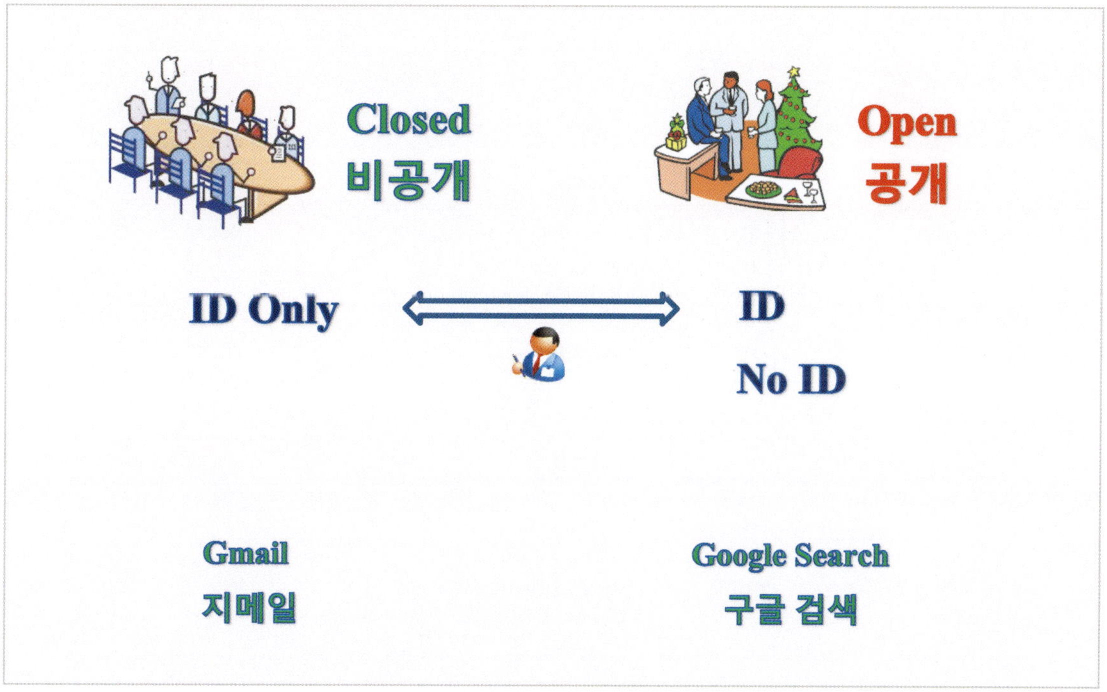 Figure 80 – 아이디 유무에 따른 서비스 이용의 차이
용어	Security (보안)

Topic: **52.온라인 공동체(Online Community) L-350**	Purpose: 온라인 공동체 이해하기
Prerequisite: L-330 Online shopping (온라인 쇼핑)	Memo

개요	<u>온라인 공동체란 (Online Community)</u> 온라인으로 존재하는 공동체로서, 구성원들은 컴퓨터 통신 수단으로 상호 소통한다 A community that exists online and whose members communicate each other through a computer communication method

예	http://craigslist.org	Local (Events, Local News, Date, Discussion, Housing, Sale, Job)	지역 (이벤트, 지역뉴스, 만남, 토의, 주택, 사고팔기, 일자리)
	http://heykorean.com	Korean (Club, Real Estate, Sales, Job, Mentoring, News)	한인 (클럽, 부동산, 구인구직, 사고팔기, 멘토링, 뉴스)
	http://threadless.com	T-shirts designers	티셔츠 디자이너
	http://internqueen.com	Queen for an intern job	인턴 잡을 구하는 여학생들
	http://gaiaonline.com	Teenager	10 대 청소년
	http://policeone.com	Police Officers	경찰
	http://sk-gaming.com	Gamers	게이머
	http://prisonerlife.com	Inmate	재소자
	http://sermo.com	Physicians	외과 의사
	http://justusnurses.com	Nurses	간호사
	http://cpanet.com	CPA	공인회계사
	http://iava.org	Iraq & Afghanistan Veteran	이라크 및 아프간 퇴역군인
	https://angel.co	Angels	엔젤 투자
	http://gust.com	Investors	투자자

장점	Information (정보) People (사람) Motive (동기) Concentration (집중) Fast (빠르다) Simple (간단) Cheap (저렴) Purchase Power (구매력)
단점	Trust (신뢰성) Privacy (사생활) ID theft (신분 도용)
용어	ID theft, Privacy, Community,

Topic: 53.온라인 공동체 – 크레익스리스트 (Online Community – http://craigslist.org) L-352	Purpose: 크레익스리스트 익숙해지기
Prerequisite: L-350 Online Community (온라인 공동체)	Memo

개요

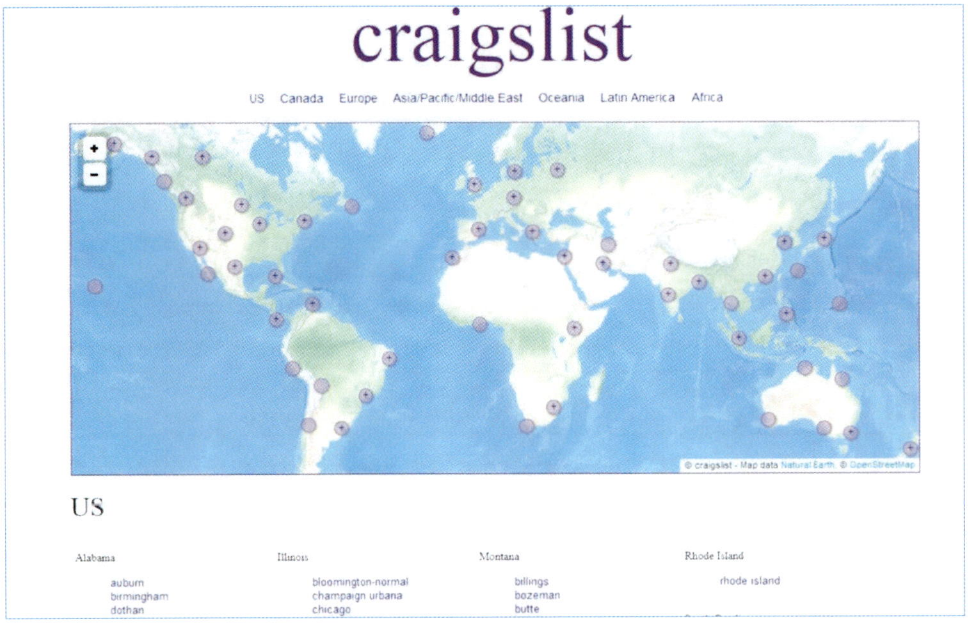

Figure 81 – Craigslist.org

Websites:

700 cities in 70 countries have Craigslist sites in
US, Canada, Europe, Asia/Pacific/Middle East, Oceania, Latin America & Caribbean, and Africa
as of 2012

메뉴	community	활동, 이벤트, 애완동물, 음악가, Lost & Found, 정치, 자원봉사, 강의, 카풀
	personals	정신적 사랑, 여성을 찾는 여성, 남성을 찾는 여성, 남성을 찾는 남성, 여성을 찾는 남성, 기타
	discussion forums	입양, 예술, 자동차, 다이어트, 이혼, 역사, 장난, 리눅스, 정신 재활, 영혼, 세금

메뉴 (계속)	housing	아파트, 방, 서브렛, 바캉스 렌탈, 주차, 사무실, 부동산
	for sale	골동품, 아기용품, 책, 컴퓨터, 무료, 보석, 캠프, 가전제품, 미용, 휴대전화, 중장비, 악기, 장난감, 비디오 게임
	services	미용, 컴퓨터, 이벤트, 금융, 법률, 애완동물, 자동차, 농장, 가사, 노동, 여행, 부동산, 저술
	jobs	어카운팅, 예술, 생명공학, 식품, 인사, 정부, 소매, 보안, 소프트웨어, 운송, 저술, 파트타임
	gigs	동료, 이벤트, 재능, 컴퓨터, 창조, 가사, 저술
	resumes	이력서
연습	Craigslist.org 에 접속하여, 자기 주와 도시를 선택하고 구경하기 자동차 매매 for sale / cars+trucks 구인 jobs / education 아파트 housing / apts 미용 services / beauty	
용어	Lost & Found	

Topic: **54.온라인 공동체 – 헤이코리안 (Online Community – http://heykorean.com) L-354**	Purpose: 헤이코리안닷컴 익숙해지기
Prerequisite: L-350 Online Community (온라인 공동체)	Memo

개요

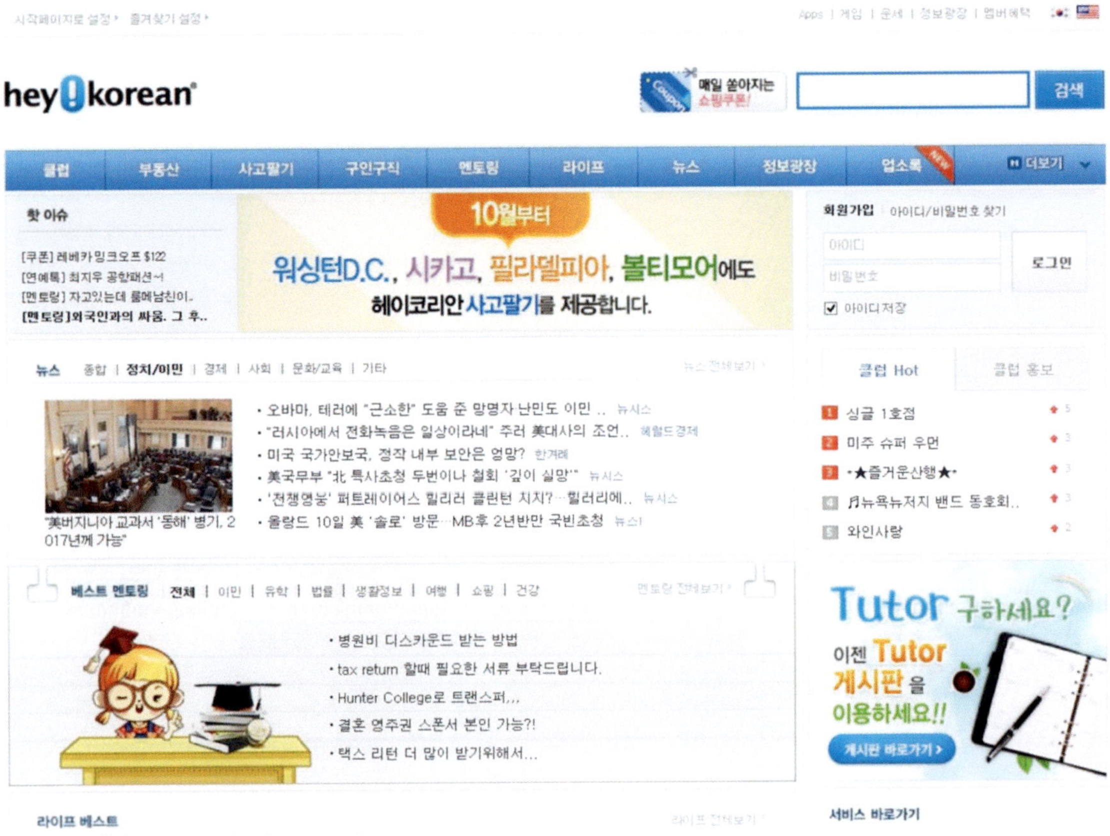

Figure 82 – Heykorean.com

메뉴		
	클럽	클럽홈, 클럽스토리, 클럽행사, 클럽랭킹
	부동산	룸메이트, 서블렛, 방쉐어, 하숙민박, 렌트:스튜디오, 1BR, 2BR, 3BR+, 상가, 기타, 매매:상가, 아파트
	사고팔기	무빙세일, 여성의류, 여성잡화, 남성의류, 남성잡화, 미용, 애완동물, 유아, 생활용품, 가전, 컴퓨터, 모바일, 자동차, 스포츠, 도서, 티켓, 기타

메뉴	구인구직	아르바이트, 사무직, 기술직, 전문직, 영업직
	멘토링	이민, 학교, 취업, 영어, 주거, 경제, 창업, 맛집, 법률, 노동, 생활, 레스토랑, 여행, 공연, 쇼핑, 리뷰, 건강, 뷰티, 컴퓨터..
	라이프	리빙, 쿠폰, 만남, 유머, 연예통신, 동영상
	뉴스	정치/이민, 경제, 사회, 문화/교육, 스포츠, 연예, 포토뉴스, TV 뉴스, 기타
	정보광장	미국정보, 미국유학정보, 캐나다정보
	업소록	음식, 부동산, 여행, 노래방, 피부, 콜택시, 하숙, 카페, 금융, 건강, 결혼, 무역, 병원, 자동차, 오락, 교육, 기업, 사회, 섬유, 쇼핑, 인테리어, 전기, 정부, 언론
가입 필요	1. 클럽 활동이나 물건 판매시 아이디가 필요 2. 가입시, 이메일로 본인 확인이 가능하여야 한다 3. 가입시, 사용 약관에 동의하여야 한다 4. 뉴스나 구인광고, 멘토링 등은 아이디 없어도 검색 가능	
연습	각 메뉴를 둘러보고 크레익스리스트와 비교하시요	

Topic: **55.헤이코리안-클럽(http://heykorean.com - Club) L-355**	Purpose: 클럽 활동 익숙해지기
Prerequisite: L-354 Online Community – http://heykorean.com (온라인 공동체 - 헤이코리안)	Memo

클럽 홈

A 로그인

B 클럽 디렉토리

C 뜨는 클럽 / 새 클럽

Figure 83 – Heykorean.com 클럽 홈

로그 인	헤이코리안 멤버 ID 와 암호(패스워드) 사용

디렉토리

★ 모든 클럽이 카테고리별로 잘 분류되어 있으나, 활동이 중지되었거나 회원이 적은 클럽도 있다. 최근 활동적인 클럽을 찾으려면, 다음 칸에서 소개하는 뜨는 클럽을 찾아본다.

뜨는 클럽, 새 클럽

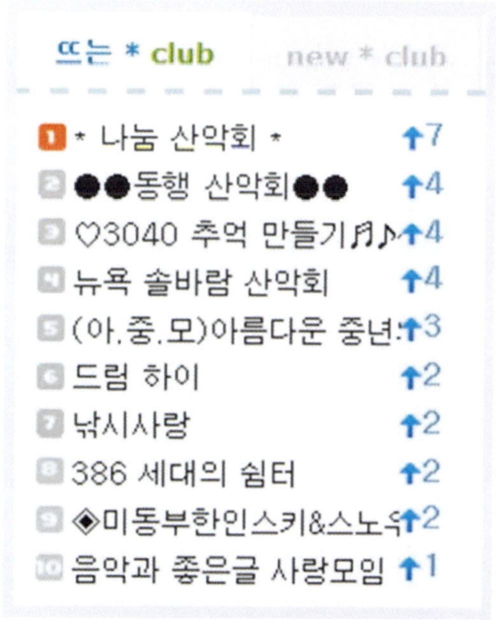

★뜨는 클럽: 활동이 활발한 클럽　　　★ 새 클럽: 새로 결성한 클럽

Topic: 56.헤이코리안 가입(http://heykorean.com - Join) L-356	Purpose: 헤이코리안 가입하는법
Prerequisite: L-354 Online Community – http://heykorean.com (온라인 공동체 - 헤이코리안)	Memo

가입 시작

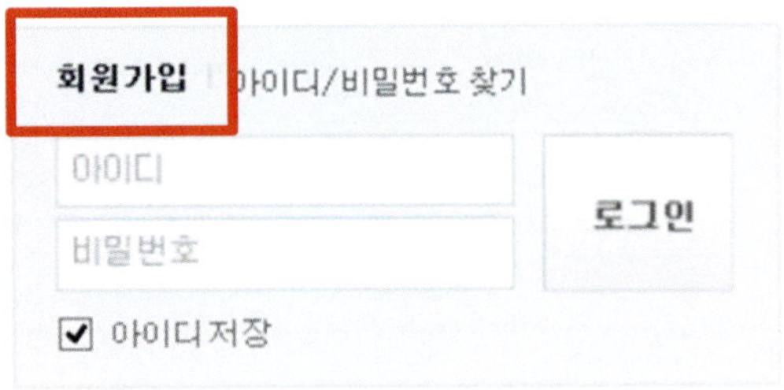

홈페이지에서 (At Home Page)

Figure 84 – Heykorean.com 회원 가입 버튼

동의

Figure 85 – 이용 약관 동의

<table>
<tr>
<td>아이디
와
이름</td>
<td>

아이디, 비밀번호, 이름, 스크린 네임, 이메일 ID 를 입력한다. 아이디와 스크린 네임은 타인과 중복 불가.

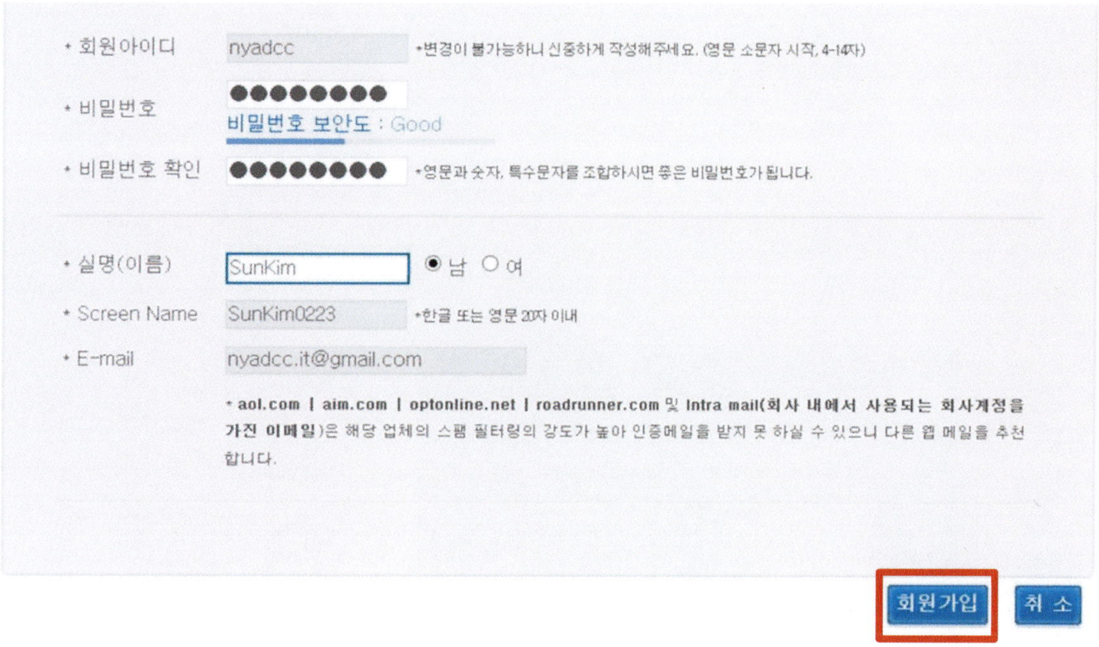

Figure 86 – 아이디 등록

</td>
</tr>
<tr>
<td>이메일
통보</td>
<td>

Figure 83 – 이메일 통보

</td>
</tr>
<tr>
<td>이메일
확인</td>
<td>

Figure 84 – 이메일 확인

</td>
</tr>
</table>

Topic: **57.윈도우즈 8 사용자 계정 생성(User Account Setup - Win 8) L-360**	Purpose: 윈도우즈 8 사용자 계정 만드는 법
Prerequisite: L-356 http://heykorean.com - Join (헤이코리안 가입)	Memo

제어판 이동	Control Panel => User Accounts => Manage another Account => Add a new user in PC settings 제어판 => 사용자 계정 => 다른 계정 관리 => PC 설정에서 사용자 추가 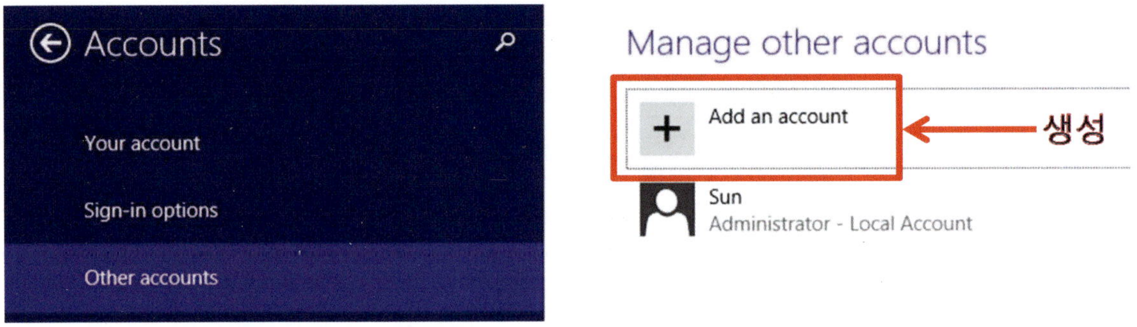 Figure 89 – 윈도우즈 8 제어판의 사용자 추가 기능
계정 유형	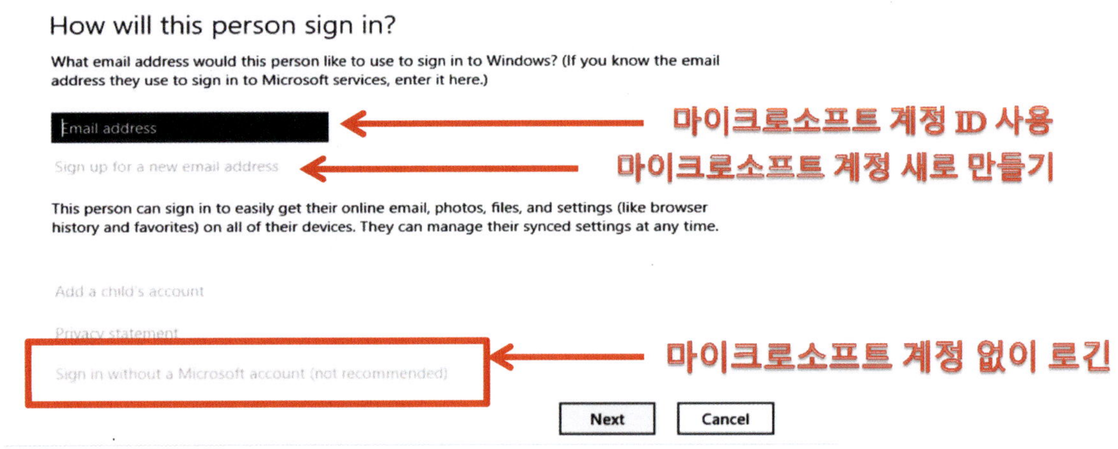 Figure 90 – 계정 유형

로컬 계정

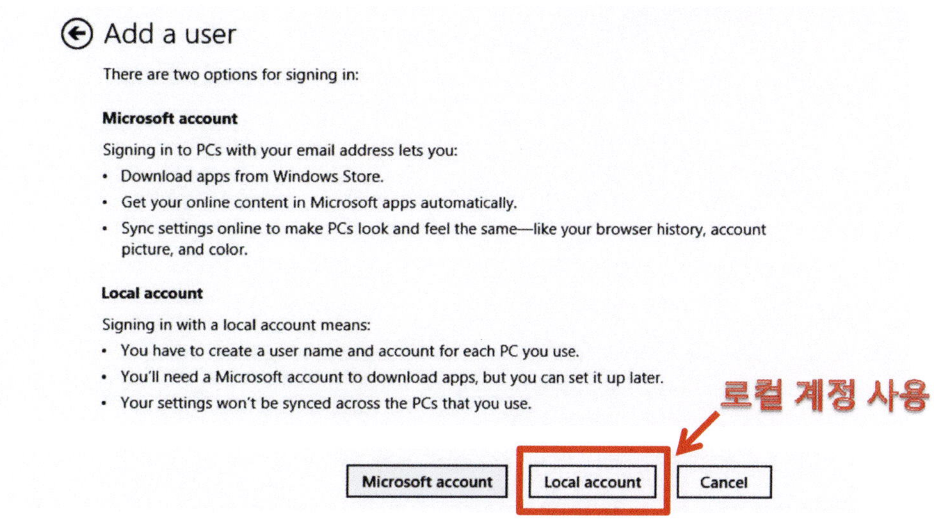

Figure 91 – 로컬 계정으로 설정

아이디 암호 설정

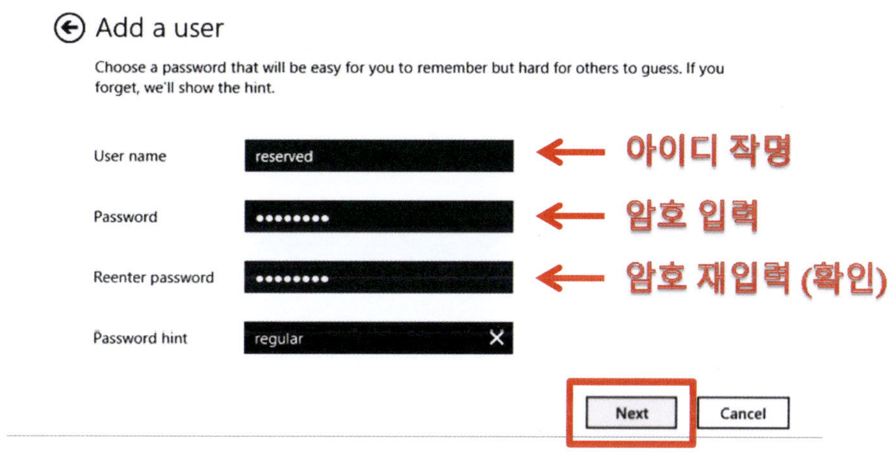

Figure 92 – 아이디/암호 등록

확인

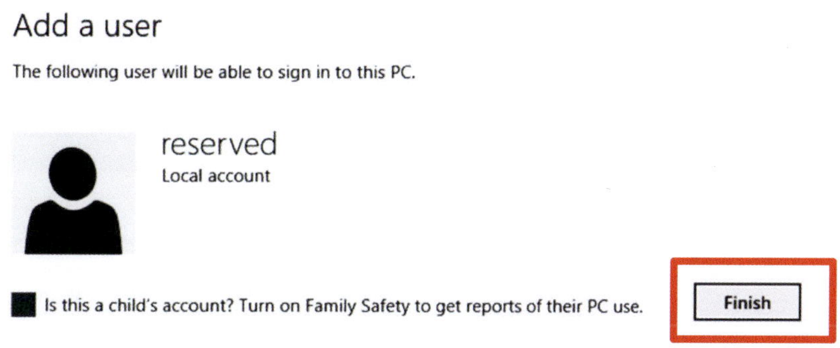

Figure 85 – 계정 등록 확인

Topic: **58.윈도우즈 7 사용자 계정 생성(User Account Setup - Win 7) L-361**	Purpose: 윈도우즈 7 사용자 계정 만드는 법
Prerequisite: L-356 http://heykorean.com - Join (헤이코리안 가입)	Memo

제어판 이동	Control Panel => Add or remove user accounts => Create a new account 제어판 => 다른 계정 관리 => 새계정 만들기 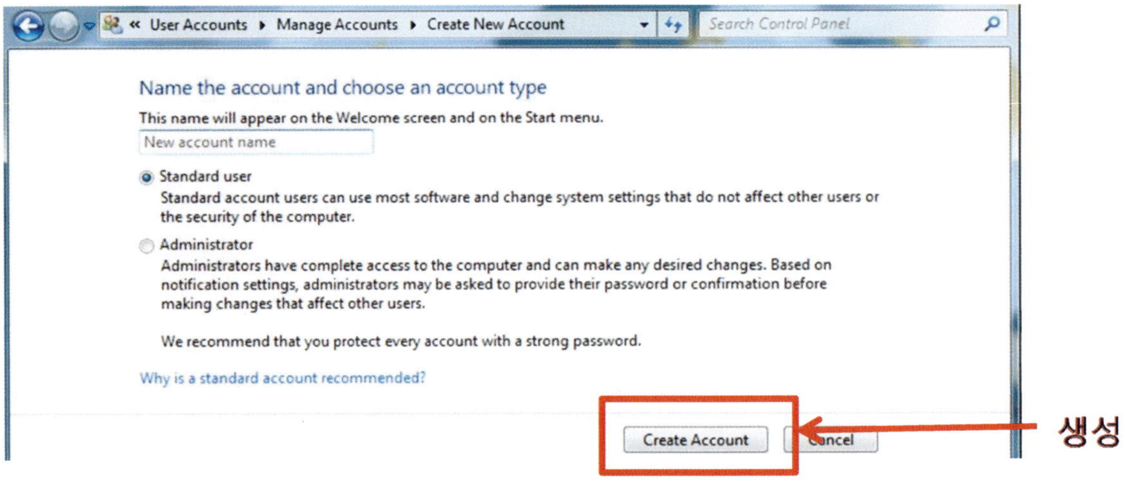 Figure 86 – 윈도우즈 7 제어판의 사용자 추가 기능
아이디	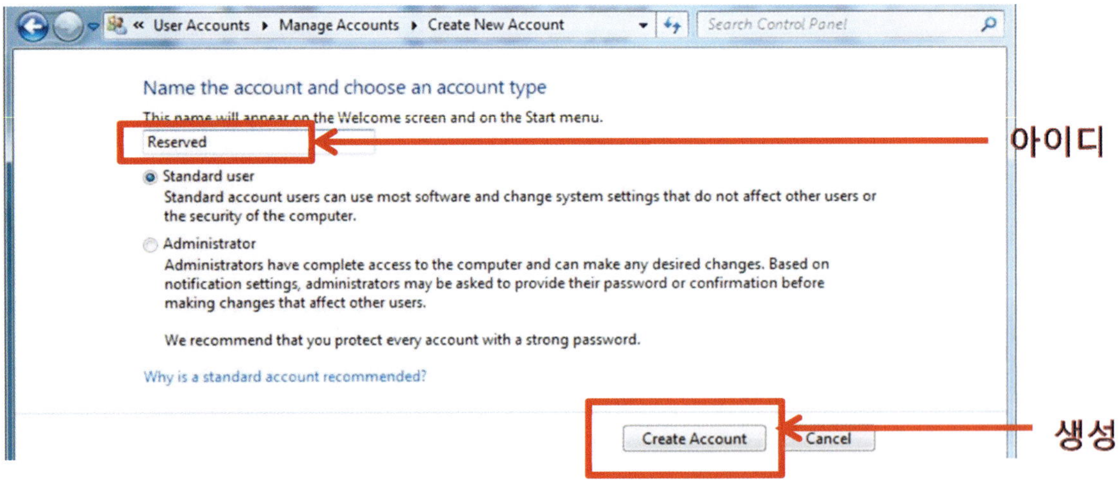 Figure 87 – 계정 유형 및 아이디

생성 완료	 Figure 88 – 아이디 생성 완료
암호 필요	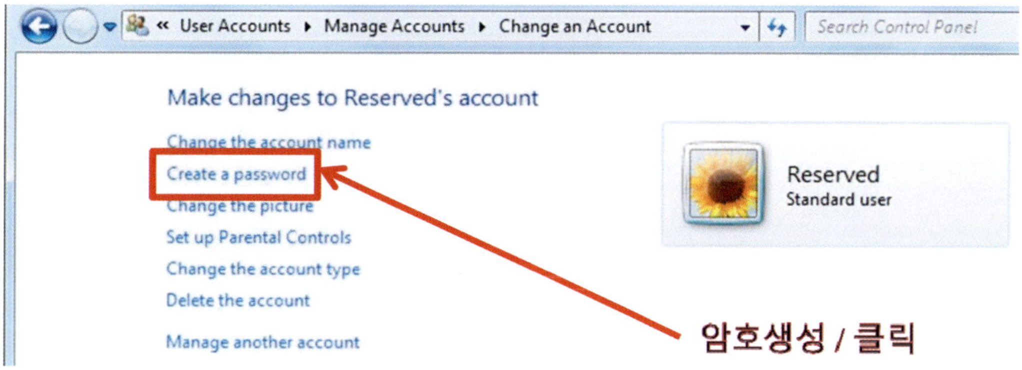 Figure 89 – 암호 생성 버튼
암호 설정	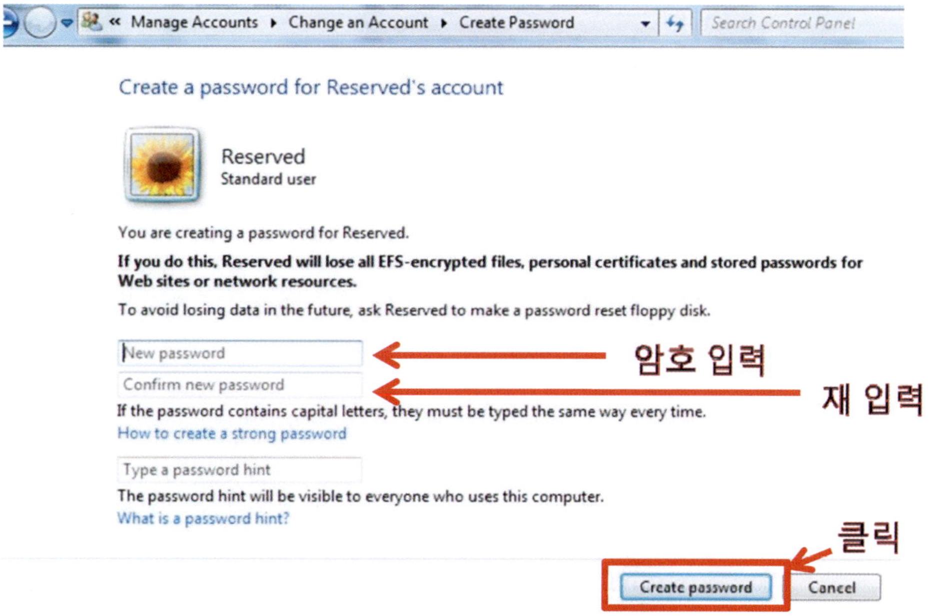 Figure 90 – 암호 등록
종료	등록한 암호를 기억하여 다음에 컴퓨터 이용시 사용한다.

Topic:	Purpose:
59.구글 번역(Google Translate) L-370	구글 번역 기능 사용법
Prerequisite: L-310 Tabbed Browsing (탭드 브라우징)	Memo

구글 번역으로 이동

http://translate.google.com

Figure 91 – 구글 번역 웹사이트

원문 인식

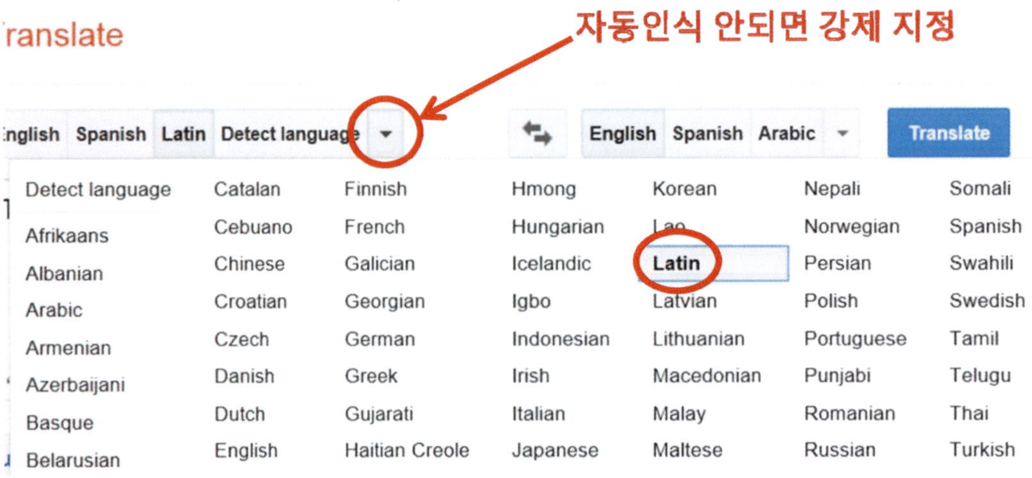

Figure 92 – 원문 언어 설정

<table>
<tr><td>목표 언어 설정</td><td>
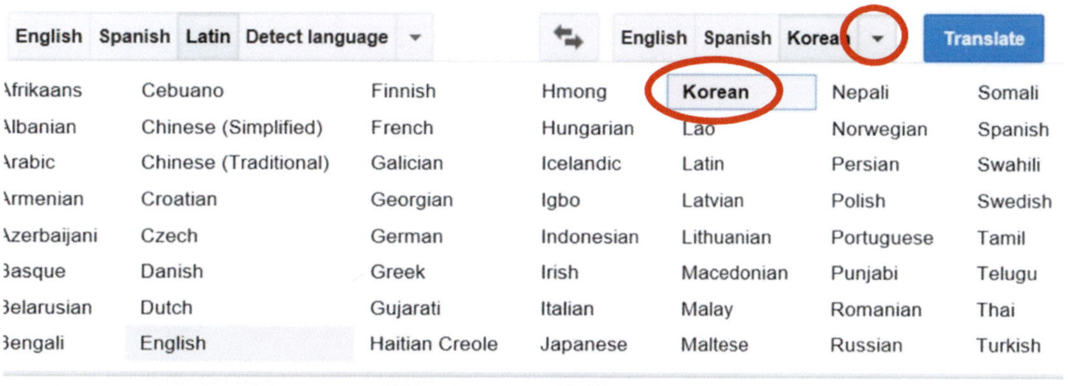

Figure 93 – 목표 언어 설정

목표 언어는 원문과 다르게 반드시 수동으로 설정해줘야 한다.
</td></tr>
<tr><td>번역 결과</td><td>
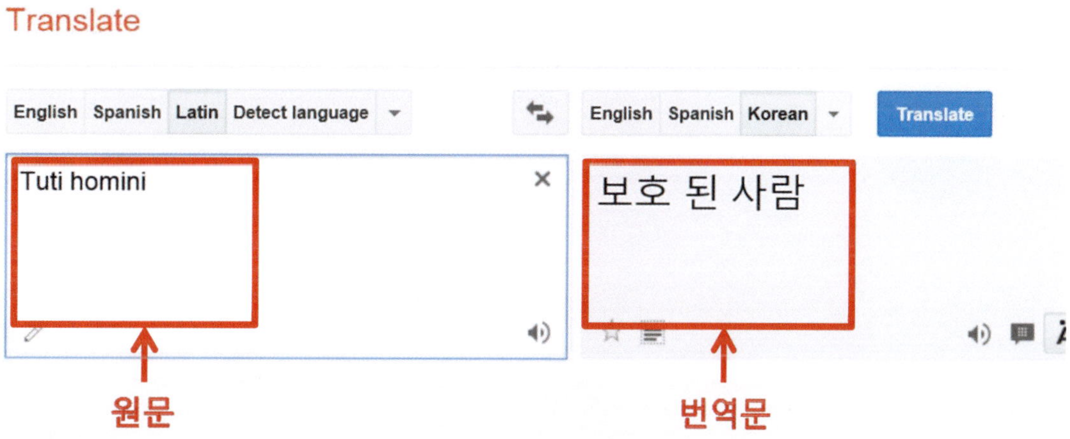

Figure 94 – 라틴어 → 한글 번역
</td></tr>
<tr><td>의역</td><td>“이들을 보호하소서”</td></tr>
</table>

<table>
<tr><td colspan="2">Topic:
60.재밌는 웹사이트 모음-1 (Interesting Websites-1) L-380</td><td>Purpose:
인터넷에서 재미찾기</td></tr>
<tr><td colspan="2">Prerequisite:
L-354 Online Community – http://heykorean.com (온라인 공동체 - 헤이코리안)</td><td>Memo</td></tr>
<tr><td>리스트</td><td colspan="2">a. <u>비소리 듣는 사이트 (Rainy Mood)</u>
http://rainymood.com

b. <u>인터넷 만화 – 다음 (Webtoon – Daum)</u>
http://webtoon.daum.net/webtoon

c. <u>정규재 TV (Economics & Events)</u>
http://jkjtv.hankyung.com

d. <u>자동차 정보 (Car Retrieval)</u>
http://iseecars.com

e. <u>문학/사전 (literature)</u>
http://poemlane.com, http://www.godowon.com
http://wikipedia.org, http://hanja.pe.kr

f. <u>시사 사진 (Photo)</u>
http://usatoday.com/media/photos

g. <u>재미있는 동영상, 단 페이스북 계정 필요 (Funny Video)</u>
https://facebook.com/JustForLaughsGags

h. <u>영어 (English)</u>
http://dailyenglish.com, http://urbandictionary.com
http://www.keybr.com</td></tr>
</table>

Topic: 61.재밌는 웹사이트 모음-2 (Interesting Websites-2) L-381	Purpose: 인터넷에서 재미찾기
Prerequisite: L-354 Online Community – http://heykorean.com	Memo

리스트	○ 독립영화 (Independent Movies) http://youefo.com/film ○ 인터넷 만화 (기타) http://comic.naver.com/index.nhn http://comics.com ○ 항공기 운영 현황 (Planes in Air) http://flightradar24.com ○ 전세계 TV 보기 (Live TVs Worldwide) http://cdmatv.com ○ 온라인 포토샵 (Online Photoshop) http://pixlr.com/editor ○ 음악 (Music) http://jnjmuse.cnei.or.k, http://justhearit.com ○ 인테리어 (Interior) http://unhappyhipsters.com

리스트	○ 요리 (Recipe) http://namool.com, http://allrecipes.com ○ 실시간 통계 (Real-time Statistics) http://worldometers.info ○ 한국 신문 및 잡지 (Magazine & Paper) http://newsstand.co.kr ○ 교양 연재물 (Series) http://www.koreatimes.net/kt_canadalife ○ 보수 정치 (Conservatives) http://chogabje.com ○ 기독교(Protestant) http://usaamen.net ○ 드라마 (Drama) http://bada.tv, http://joovideo.com, http://viki.com ○ 슬라이드 (Slides) http://slideshare.net

Topic: 62.소셜 네트워킹(Social Networking) L-390	Purpose: 소셜 네트워킹 이해하기
Prerequisite: L-350 Online Community (온라인 공동체)	Memo

개요	<u>소셜 네트워킹이란 (Social Networking)</u> 이해 당사자나 유사 활동가, 배경이 비슷한 사람들, 실생활이 연계된 사람들 간에 **사회적 연계** 또는 **관계를 구축**하는 것을 말한다 To build social networks or social relations among people who, for example, share interests, activities, backgrounds, or real-life connections

예

Social Networking Websites (소셜 네트워킹 웹사이트, 소셜 미디어)		
http://facebook.com	10 억명 가입	General: Photos, Videos, Blogs, Apps 일반 (사진, 비디오, 블로그, 앱스)
http://linkedin.com	4 억	Business and professional 사업체와 전문가
http://spring.me	2.9 억	Social Q&A 질의 응답
http://instagram.com	1.5 억	A photo and video sharing site 사진, 비디오 촬영자
http://plus.google.com	5 억	General 일반
http://twitter.com	5 억	General 일반

온라인 공동체와 차이점	사람들이 소셜 네트워킹 사이트에 가입하는 주된 이유는, 다른 사람들과의 **기존 관계를 유지**하면서 **새로운 사람들을 발굴**하기 위한 것이다. 반면에 온라인 공동체는 소식이나 카메라 같은 목적물을 구하는게 기본 목적이다. <u>Different from Online Community?</u> The primary reason that people join a social networking site is to maintain old relationships and establish new ones to expand their network. In online communities, on the other side, their primary reason is to acquire the objects like news or cameras.

장점	Keep old friends, find new friends	옛친구 접촉유지, 새 친구 찾기
	Open	공개적
	Versatile Facilities (Idea, News, Questions, Share)	다양한 기능 (아이디어, 뉴스, 질문, 공유)
	Opportunity to widen business contacts	비지니스 컨택 (새로운 사람) 확장 기회
	Targets a wide audience easily	대상층 확장 용이
	Minimize ad cost	광고비 절감
	Free	무료
주의 사항	Privacy 사생활 노출 Confidentiality 비밀 누설 Too many friends 관계 관리 포기 Astray 목적 설정 필수 Addiction 중독	
용어	Social Networking, Relationship, Business Contact, Acquire, Share	

Topic: **63.네크웍 용어(Network Terminology) L-399**	Purpose: 네트웍 용어 리뷰
Prerequisite: L-350 Online Community (온라인 공동체)	Memo

환경	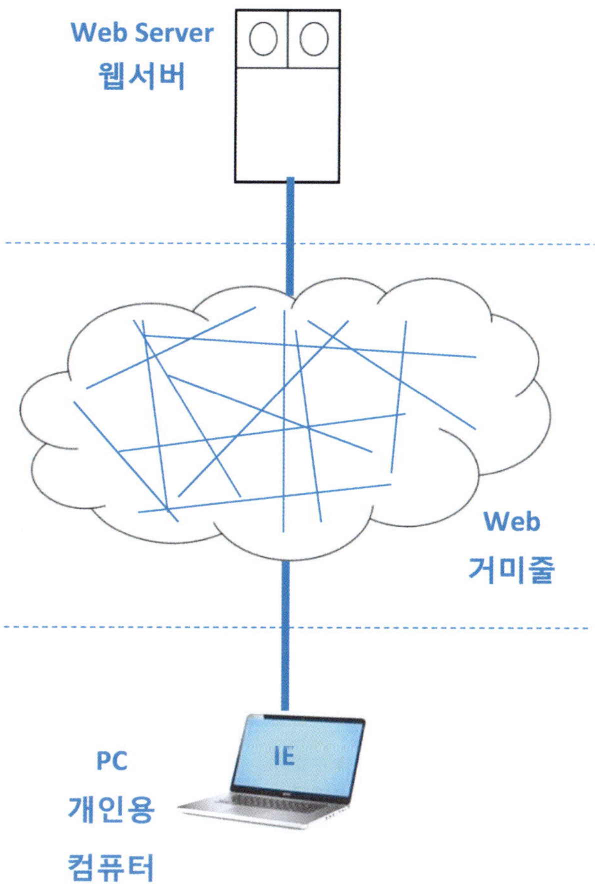	**Server** (서버)	서비스
		Network (네트워크)	연결
		Client (클라이언트)	요청
설명	a. 웹 브라우저 (Web Browser) 인터넷 시핑할 때 사용하는 소프트웨어 도구. 인터넷 익스플로러(IE)와 크롬(Chrome), 파이어폭스(Firefox) 등이 있다.		

설명	b. 웹 브라우징 (Web Browsing) 인터넷 정보를 살피는 행위를 말한다. c. 웹 서핑 (Web Surfing) 인터넷 웹사이트를 돌아 다니는 행위를 말한다. 웹 브라우징과 비슷한 뜻이다. d. 웹 서버 (Web Server) 클라이언트의 요청을 받아 처리해주는 기계를 말한다. (클라이언트-서버 구조) e. 개인용 컴퓨터 (PC, Personal Computer) 개인용 컴퓨터, 인터넷 구조상에서는 주로 클라이언트의 역할을 맡아, 서버측에 요청하는 일을 한다.

Chapter IV. Windows Fundamental

제 4 장. 윈도우즈 기초

Chapter IV. Windows Fundamental (제 4 장. 윈도우즈 기초)

윈도우즈 기초 코스는 인터넷 활용 코스를 마쳤거나 대등한 실력을 소지한 분을 대상으로 하며, PC (개인용 컴퓨터)의 기능을 폭넓게 사용하는 과정이다.

먼저, 파일의 용도와 그 종류를 알아보면서, 파일 타입을 보기 위해 컨트롤 패널의 폴더 옵션을 고치는 법을 공부해 파일 타입을 확인할 수 있게 한다.

파일 생성 요령을 숙달하기 위해서, 컨텍스트 메뉴를 띄우고 새 파일을 만드는 방법을 익히고 지우는 실습을 한다. 그런 다음 텍스트 파일 내에 간단한 문서를 입력하고 편집하는 연습을 시작한다.

편집을 하다보면 여러 개의 버전이 만들어지게 되며, 지난 버전을 당분간 보관해야 하는 경우가 대부분이다. 이럴 때를 위하여 "디른 이름으로 저장하기 (Save As)" 기능을 공부하고 연습한다.

다른 이름으로 저장하려면 컴퓨터는 저장 위치와 파일 이름을 알아야 하므로, 사용자에게 몇가지 질문을 하게 된다

이 때 나타나는 "대화창 (Dialogue Box)"은 다른 경우에도 많이 마주치게 되는 입력 수단이기 때문에 이 곳에서 확실히 마스터해 두는 것이 좋다.

한편, 파일이 많아지면 파일 정리가 중요해지는데, 이를 위해 폴더를 만들고 유사한 파일들을 한 곳으로 몰거나 체계적으로 정리할 필요가 생긴다. 이를 위해 파일을 이동하는 경우가 생기므로 가장 쉬운 방법인 "끌어다 놓기 (Drag & Drop)" 를 익힌다.

본격적으로 파일이 많아지면, 파일과 폴더를 찾아 다니는 것도 일이다. 이를 위해 윈도우즈 8 에서는 "파일 익스플로러"라는 도구를 제공한다. (윈도우즈 7 까지는 "윈도우즈 익스플로러"라는 이름임) 이 도구를 사용하면 폴더 계층구조상에서 쉽게 이동할 수 있으며 소속 폴더와 파일 목록을 일목요연하게 볼 수 있다.

이 도구를 사용하는 법을 숙달한 후 C: 드라이브를 돌아 다니며 윈도우즈 소프트웨어를 관찰해 보고, 인터넷 익스플로러인 iexplore.exe 프로그램을 찾아 실행시켜 본다.

폴더의 계층 구조를 이해하고 구조상 이동이 자유로워졌다면 이제는 휴지통(Recycle Bin)을 공부할 때다. 휴지통은 폴더와 비슷한 기능을 하지만, 복구 기능을 가지고 있어서 한번 지워진 파일이라 할지라도 복구시키면 원래 있던 자리로 돌아가게 된다.

단, 사용자가 원래 자리를 찾아갈 수 있어야 복구 파일을 사용할 수 있겠다.

폴더 계층 구조에 익숙해지면 가장 중요한 스킬인 다운로딩 능력을 배양해야 한다. 인터넷 상의 파일이나 사진을 찾아 내 PC 로 내려받는 스킬을 배우고 난 후, 실제 "어도비 리더 (Adobe Reader)"를 내려받아 설치해 본다.

PDF 파일 포맷은 미국 공공분야에서 양식을 주고받을 때 많이 사용하고 있으므로, PDF 파일을 볼 수 있는 프로그램 (Viewer Program)은 필수 사항이라고 하겠으나, 컴퓨터를 처음 살 때는 들어있지 않으므로 사용자가 찾아서 다운로드 받아야 한다.

이 기술은 다른 프로그램을 다운로딩 받아 설치할 때도 거의 동일한 요령이므로 응용분야가 무궁무진하다고 하겠다.

소프트웨어에 대한 이해가 깊어지면, 파일과 프로그램이 나뉘어 있음을 이해하고 양자가 결합하는 것을 "열기(Open)"라고 부르는 관행을 이해할 수 있다. 프로그램 종류가 많아지면서, 어느 파일이 원래 지정된 프로그램 이외의 다른 프로그램과도 결합하는 경우가 있음을 이해하면 "연결 프로그램(Open With)" 기능을 공부할 수 있다.

마지막으로 파이어폭스(Firefox)웹브라우저를 이용한 자동 번역기능과 아바스트(Avast) 백신 프로그램의 사용법을 살펴보면서 윈도우즈 기초 과정을 마친다.

Topic: **64.파일(File) L-410**	Purpose: 파일과 그 종류 이해하기
Prerequisite: L-140 Hardware	Memo

개요	음악이나 그림, 문자 혹은 프로그램을 담는 저장 수단으로서 내구성있는 장치에 보관된다. 전원이 꺼지더라도 그 내용이 지워지지 않아, 다음에 다시 사용할 수 있다. 컴퓨터 내에서, 종이 문서의 역할을 대신하는 것으로 이해할 수 있다. A resource for storing information, which is available to a computer program and is usually based on some kind of durable storage (ex. Hard disk drive). A file is durable in the sense that it remains available for programs to use after POWER OFF/ON. Computer files can be considered as the modern counterpart of paper documents which traditionally are kept in offices' and libraries' files  Music File 음악 파일
종류	글자 (Text) 음악 (Music) 그림 (Picture) 동영상 (Video) 프로그램 (Program) 데이타 (Data)

읽기 쓰기	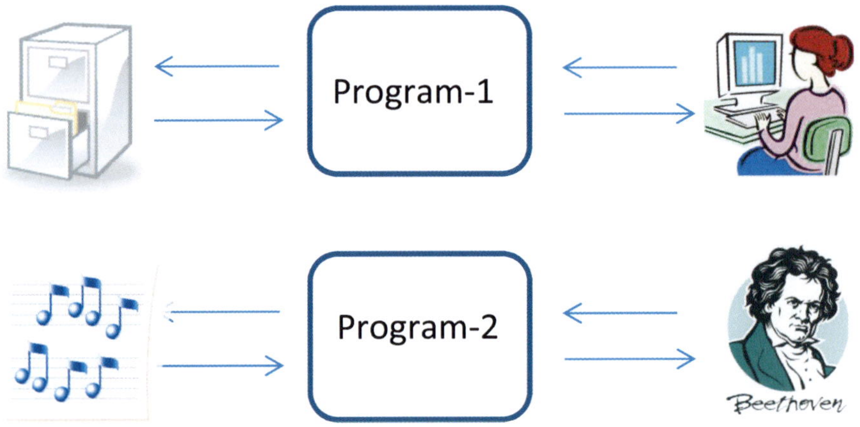 **Figure 95 – 파일과 사용자간의 중개 역할** 파일에 읽고 쓰기 위해서는 전용 프로그램(들)이 필요하다 Dedicated program is used to read & write from/ to a file
파일이름 & 타입	파일 타입은 처음에 보이지 않으나, 사용자가 원하면 나타낼 수도 있다. 초보자가 너무 복잡한 것에 노출되는 것을 위한 것이지만, 실력이 늘면 봐야 한다. • My_music. mp3 • 이력서. txt • Plan.doc 파일 타입을 보이게 하려, 다음 L-320 제어판 토픽에서 설명하듯이 "Hide extensions for known file types" 옵션을 언체크(Uncheck)하여야 한다.
용어	File, Read, Write, Program, Media, Hard disk drive

Topic: **65.제어판-폴더옵션 Control Panel-Folder Option) L-420**	Purpose: 설정변경 요령(파일 타입 감추기=>보기)
Prerequisite: L-410 File (파일)	Memo

제어판	사용자가 세팅이나 컨트롤을 보고 변경등의 조작을 할 수 있는 장소 Location of Interface which allows users to view and manipulate basic system settings and controls 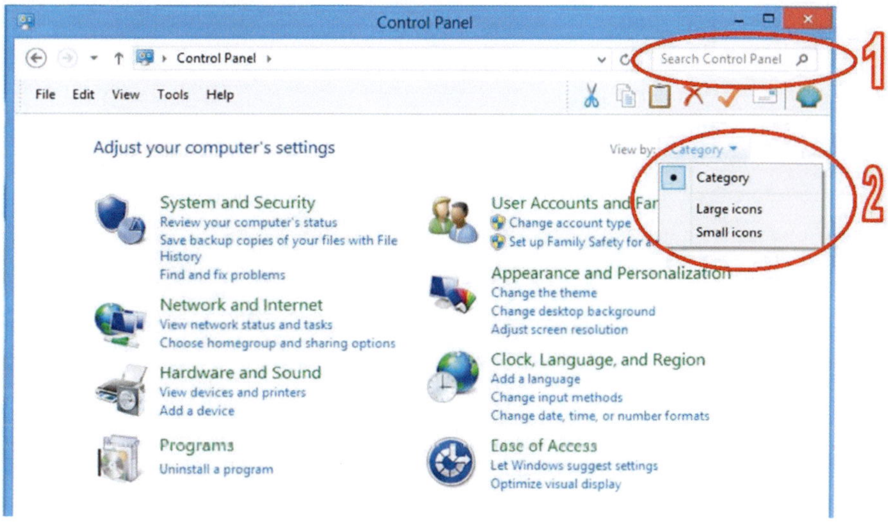 **Figure 96 – 제어판 및 메뉴**
검색	검색창에 키워드를 입력하므로써, 관심있는 메뉴를 쉽게 찾을 수 있다. By entering keywords in the search fields, users can easily locate menus interested in.

<table>
<tr><td>검색</td><td>
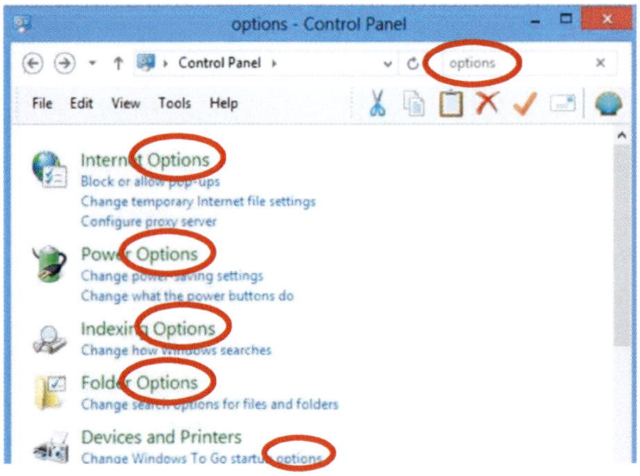

Figure 97 - 제어판 검색 사례 (키워드 = Options)
</td></tr>
<tr><td>폴더
옵션</td><td>
빨간색 동그라미로 표시된 옵션을 언체크 (Uncheck)하고 OK 버튼을 클릭.

Unset of “Hide extensions for known file types” option & click OK button

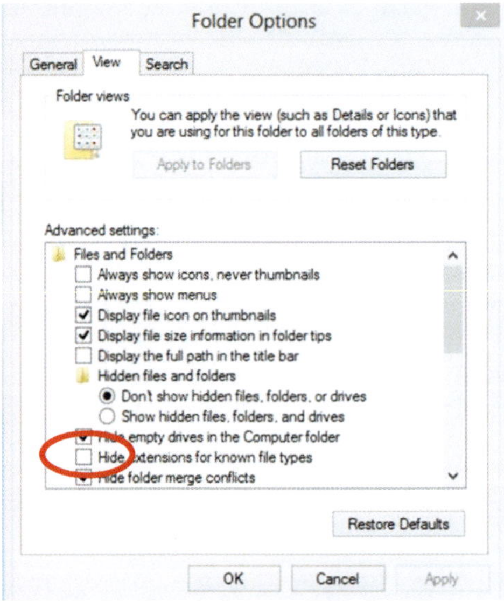

Figure 98 - 파일 타입 보이기
</td></tr>
<tr><td>용어</td><td>Control Panel, Interface, Extension, File Type, Folder Options, Settings</td></tr>
</table>

Topic: **66.파일 생성, 변경 및 삭제(File create, modify and delete) L-430**	Purpose: 파일 생성 및 삭제법 숙지
Prerequisite: L-420 Control Panel (제어판)	Memo

파일 생성

Create at Context Menu (컨텍스트 메뉴에서 생성하기)

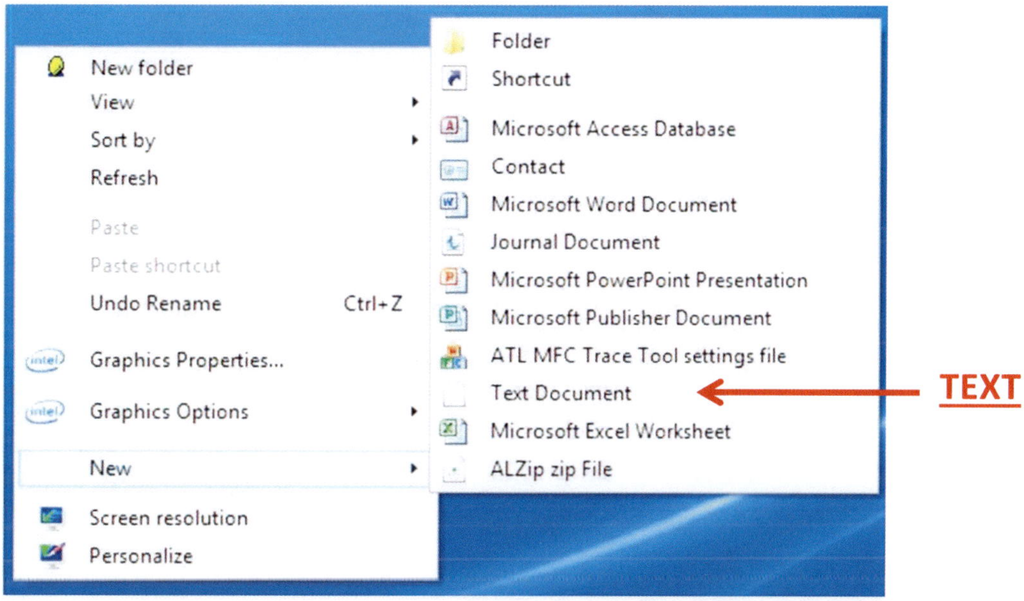

Figure 99 – 마우스 오른쪽 클릭 메뉴

- 컨텍스트 메뉴에서 "New" 선택
  Locate the cursor at "New" option in context menu
- 서브 메뉴에서 파일 타입으로 "텍스트 문서" 선택
  Select a file type, "Text Document" from the submenu
- 피일이 만들이졌음을 확인
  See the file created on the empty space

<table>
<tr><td>이름
변경</td><td>

Rename the File just Created (방금 만든 파일의 이름 고치기)

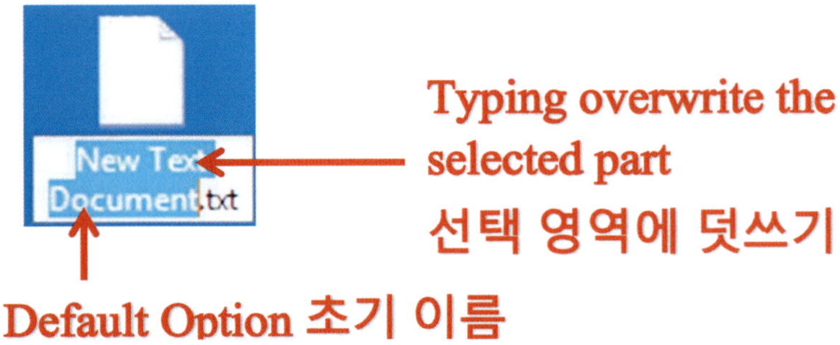

Figure 100 - 파일 이름 변경

파일 선택 후 속으로 3 초를 세고 (Select file, then wait for 3 seconds)
이름 부분을 한번 더 클릭 (Click name part of the file)
파일 이름 부분이 선택되면 새로운 이름 입력 (When file name is highlighted (selected), type new name)
</td></tr>
<tr><td>파일
삭제</td><td>

Delete a File by the "Delete" Key (딜리트 키로 파일 삭제)

Figure 101 – 파일 삭제 방법

파일 선택 후 삭제 버튼 누르기 (Select the file & press Delete)
선택하면 해당 아이컨의 배경색이 밝아짐 (When selected, the background of selected icon becomes highlighted)
</td></tr>
<tr><td>용어</td><td>Create, Delete, Context Menu, Empty Space, Background, Highlight, Message</td></tr>
</table>

Topic: **67.연습 – 파일 생성 및 변경, 삭제(Practice – File create, modify and delete () L-435**	Purpose: 생성/이름변경/삭제 연습
Prerequisite: L-430 File creation, modification and deletion	Memo

파일 생성

a. Task-1 (과제-1)

텍스트 파일을 만들고 이름을 "1"이라고 고치시요

Create a text file with name of "1"

b. Task-2 (과제-2)

바탕화면에 '2014'라는 이름의 폴더를 만들고, 그 안에 각각 'A'와 'B'라는 폴더를 생성. 이후 폴더 B 안에 '1'이라는 이름의 텍스트 파일을 생성하시요.

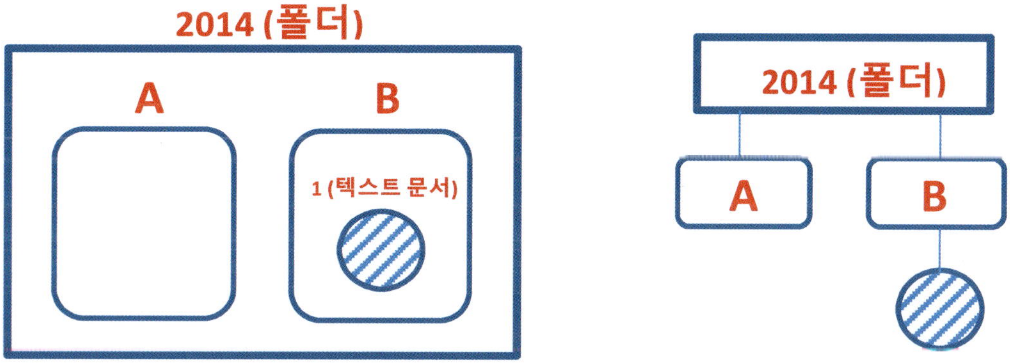

Figure 102 – Task2 개념도

용어	Hierarchy

Topic: **68.연습 – 파일 편집 및 저장 (Practice – File editing and saving) L-437**	Purpose: 편집 / 저장 연습
Prerequisite: L-430 File creation, modification and deletion (파일 생성, 변경 및 삭제)	Memo

본문	나의 미국 첫 날 2004 년 2 월 4 일 (수) JFK 공항으로 입국했다. 하늘은 잿빛이었고 을씨년스러운 겨울 날씨였지만, 뉴욕이 제 2 의 고향이 될지도 모른다는 생각을 하니 모든 것을 유심히 보게된다.
편집	텍스트 파일을 새로 만들고 위 본문을 입력한다 Enter the above text into a newly created text file.

Figure 103 - 키보드 편집 버튼들

<table>
<tr><td>저장</td><td>파일 드롭다운 메뉴 밑의 저장 메뉴를 클릭하여 내용을 저장한다
Save the contents by "Save" sub-menu at "File" drop-down menu

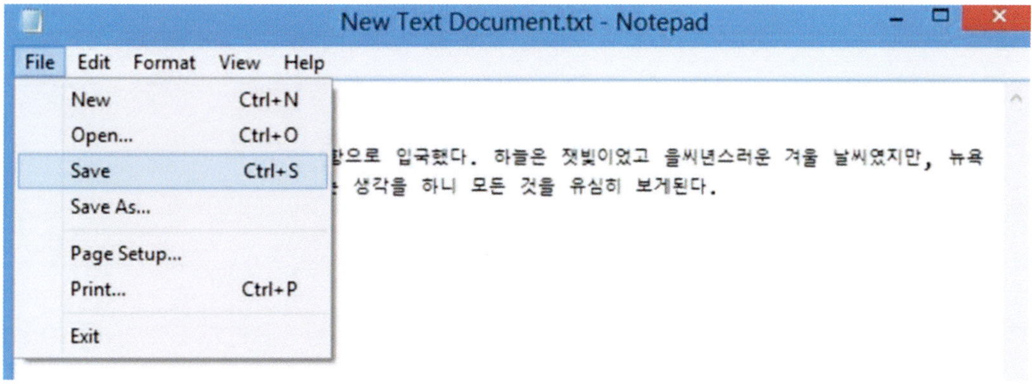

Figure 104 - 텍스트 파일 저장</td></tr>
<tr><td>종료</td><td>파일 드롭다운 메뉴 밑의 "종료" 메뉴를 클릭하여 프로그램을 끝낸다
Terminate the program by "Exit" sub-menu at "File" drop-down menu</td></tr>
<tr><td>용어</td><td>Toggle, Save, Edit, Text File, Drop-down Menu, Exit</td></tr>
</table>

Topic: 69.다른 이름으로 저장 (Save As) L-438	Purpose: 다른 이름으로 저장 연습
Prerequisite: L-430 File creation, modification and deletion	Memo

설명

Save As (다른 이름으로 저장)

파일 드롭다운 메뉴 밑의 "새로운 이름으로 저장" 메뉴를 클릭한다.

Save the contents by "Save As" sub-menu at "File" drop-down menu.

이때 새로운 파일 이름을 아래 대화창에 입력한다.

Then a dialogue box shall appear to get the new file name

대화창

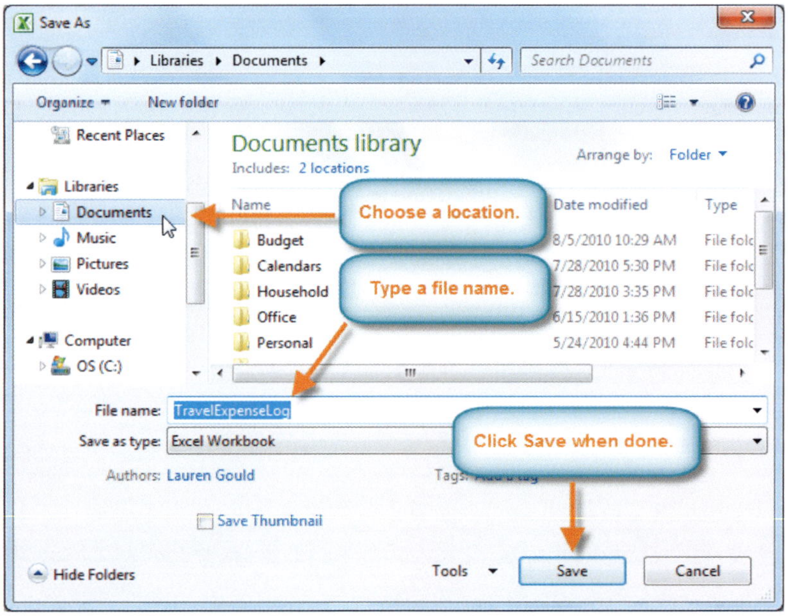

Figure 105 – 다른 이름으로 저장, 대화창

위치

폴더 위치와 파일 이름 모두 새로 지정할 수 있다.

Both of the folder location and the file name may be newly given.

용어

Save As, Dialogue Box

Topic: 70.편집 및 저장-II (Editing and saving-II) L-439	Purpose: 파일 편집 및 저장 요령 숙달
Prerequisite: L-437 Practice – File editing and saving	Memo

연습

a. <u>열기 (Open)</u>

L-337 시간에 만든 파일을 연다

Open the file created at L-337 session

b. <u>편집 (Edit)</u>

첫 문장을 아래와 같이 수정하시오 (Change the 1st sentence as follows)

"1984 년 7 월 어느날 워싱턴 국제 공항으로 미국에 첫 발을 디뎠다"

c. <u>저장 (Save)</u>

파일을 저장하시오

Save the file

d. <u>종료 (Exit)</u>

프로그램을 종료하시오

Terminate the program

Topic:	Purpose:
71.드래그 & 드롭(Drag and Drop) L-440	드래그 & 드롭 – 복습
Prerequisite: L-232 Dragging (드래깅) L-430 File creation, modification and deletion	Memo

아이콘 이동

a. 선택 (Select)

움직일 아이콘을 클릭하여 선택한다

Select an icon to move

Before After

b. 클릭 앤 홀드 (Click & Hold)

왼 클릭한 상태에서 계속 누른다

Left click & hold

c. 끌기 (Drag)

마우스를 움직여 아이콘을 새로운 장소로 옮긴다

Move the mouse to new location

d. 놓기 (Drop)

마우스 버튼을 풀어 끌기를 마친다

Release the mouse button to finish

<table>
<tr><td>다중
선택</td><td>

a. <u>초기 위치 선정 (Start Positioning)</u>

커저를 움직여 빈 공간에서 "클릭 앤 홀드"를 한다

Move the cursor to "click & hold" on empty space

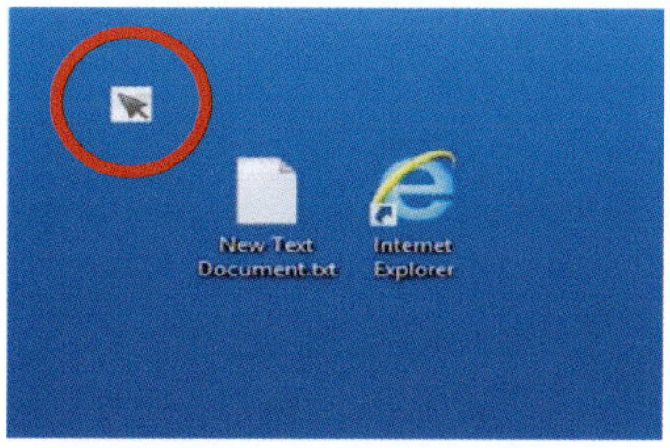

b. <u>끌기로 에워싸기 (Drag to Surround the Icons)</u>

드래깅으로 아이콘들을 에워싼 후, 드롭한다

Drag the cursor to surround the icons & drop

</td></tr>
<tr><td>용어</td><td>Drag & Drop, Click & Hold</td></tr>
</table>

Topic: 72.연습 (Practice – Drag and Drop) L-445	Purpose: 연습 – 끌어다 놓기
Prerequisite: L-440 Drag and Drop (드래그 & 드롭)	Memo

아이콘 이동

a. 과제-1 (Task-1)

바탕화면에 "TEMP"라는 폴더를 만드시요

Make an empty folder, "TEMP", on the desktop

b. 과제-2 (Task-2)

바탕화면의 두 아이콘을 "TEMP" 폴더 속으로 하나씩 드래깅해 집어 넣으시요

Drag any 2 icons in Desktop screen into the TEMP folder one after another

c. 과제-3 (Task-3)

바탕화면에서 다른 두개의 아이콘을 선택하시요

Select other 2 icons in Desktop screen by drag & drop

d. 과제-4 (Task-4)

위에서 선택된 두개의 아이콘을 한번에 끌어 "TEMP" 폴더 속으로 넣으시요

Drag the above chosen icons into the TEMP folder at once

참고

"컨트롤&클릭" 방식으로도 여러개의 아이콘을 선택할 수 있다

"Control and Click" also enables us to select many icons

"쉬프트&클릭" 방식으로 여러개의 연속 아이콘을 선택할 수 있다

"Shift and Click" enables us to select many sequential icons

Topic: **73.파일 익스플로러 (File Explorer) L-450**	Purpose: 파일 익스플로러 구성 요소
Prerequisite: L-438 Save as (다른 이름으로 저장)	Memo

구성 요소

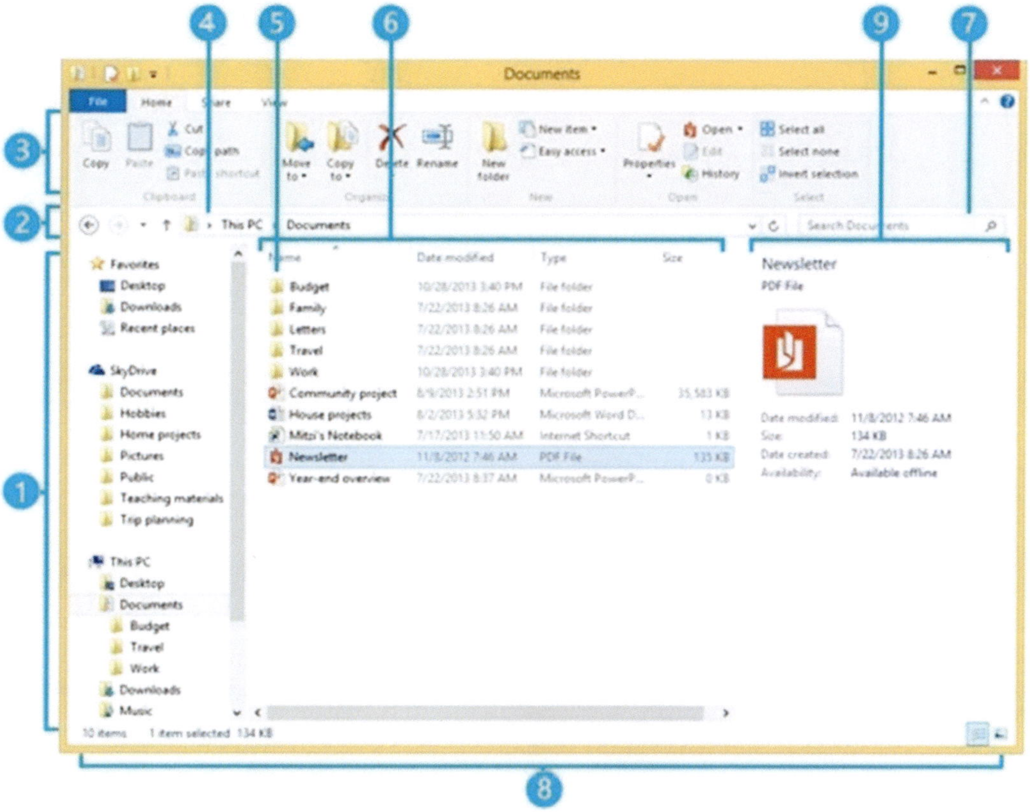

Figure 106 - 파일 익스플로러의 구조

1. Left Pane (왼쪽 판)
2. Back, Forward and Up Buttons (뒤로, 앞으로, 위로 버튼)
3. Ribbon (리본)
4. Address Bar (주소창)
5. File List (파일 리스트)
6. Column Headings (열 제목)
7. Search Box (검색창)
8. Status Bar (상태줄)
9. Details / Preview Pane (세부/미리보기 판)

상세	a. 왼쪽 판 (Left Pane) 폴더나 장치, 드라이브를 찾는 검색판 Navigation pane to locate folders including devices and drives b. 주소창 (Address Bar) 폴더의 계층 주소를 입력하는 창; 대부분 자동 입력된다 The input field to get the hierarchical address of folders ; Mostly automatic input c. 열 제목 (Column Headings) 파일 또는 폴더의 "**이름**", "**수정 시각**", 파일의 "**형태**", 파일의 "**크기**" File or folder's "**Name**", "**Last modified time**", "**Type**" and "**Size**" d. 검색 창 (Search Box) 파일/폴더의 이름이나 내용 중 찾고자 하는 문구를 입력하는 창 The input field to place the search phrase of file/folder name or contents
명칭 변경	윈도우즈 8 : 파일 익스플로러 윈도우즈 7 : 윈도우즈 익스플로러
용어	Column, Pane, Heading, Ribbon, Status Bar

Topic: **74.C 드라이브 (C Drive) L-451**	Purpose: C 드라이브 이해
Prerequisite: L-450 File Explorer (파일 익스플로러)	Memo

드라이브 기호	• 드라이브 기호 부여 (Drive Letter Assignment) A: 첫번째 플라피 디스크 드라이브 (1st Floppy Disk Drive) B: 두번째 플라피 디스크 드라이브 (2nd Floppy Disk Drive) C: 첫번째 HDD 파티션 (1st Hard Disk Partition) D ~ Z: 다음 파티션, CD, DVD, USB (Next Partition, CD, DVD, USB or Network Drive,...) ※ 플라피 디스크 드라이브가 단종되었으므로, 드라이브 기호 A 와 B 는 거의 사용하지 않는다.
C: Drive	• 씨 드라이브 (C: Drive) C: 드라이브는 가장 중요한 소프트웨어를 보관하는 핵심 저장장치로서, 윈도우즈 8 운영체제나 웹브라우저, 게임 등을 가지고 있다. C: drive is the main storage to keep the most important software like WINDOWS 8 operating system, web browsers, game and others • 씨 드라이브내의 폴더들 C:₩Program Files C:₩Program Files (X86) C:₩Program Files (X86)₩Internet Explorer C: ₩Users C:₩Windows C:₩Windows₩System32 C:₩Windows₩Temp

주요 폴더	• <u>프로그램 파일스 (Program Files)</u> 응용 프로그램이 있는 곳 Keeps application programs • <u>유저스 (Users)</u> 사용자들의 데이타가 있는 곳 Keeps users' data • <u>윈도우즈 (Windows)</u> 윈도우즈 운영체제가 있는 곳 Keeps Windows operating system • <u>윈도우즈₩시스템 32 (Windows₩System32)</u> 시스템 파일을 보관하는 곳으로서, 시스템 프로그램과 시스템 라이브러리, 부팅 소프트웨어 등을 보관한다 Keeps system files like system programs, system libraries and booting software • <u>윈도우즈₩템프 (Windows₩Temp)</u> 윈도우즈 운영체제가 사용하는 임시 작업 공간 Temporary space for Windows operating system
용어	Letter assignment, C Drive, Hard Disk, Users, System32, Temp Folder

Topic: **75.연습 – C 드라이브 (Practice – C Drive) L-452**	Purpose: 폴더 돌아 다니는 연습
Prerequisite: L-451 C Drive (C 드라이브)	Memo

과제

a. 과제-1 (Task-1)

파일 익스플로러를 기동하시요

Invoke the File Explorer

b. 과제-2 (Task-2)

왼쪽 패널에서 "내 컴퓨터"와 "OS (C:)" 장치를 찾으시요

Find the "My Compter" and "OS (C:)" device at the left panel

c. 과제-3 (Task-3)

"OS (C:)" 를 클릭하고 중앙에 나타나는 파일/폴더를 확인하시요

Click the "OS (C:)" node to see the files at center

d. 과제-4 (Task-4)

C:₩Program Files (X86)₩Internet Explorer 폴더를 찾아가서 내부 파일을 확인하시요

Navigate to C:₩Program Files (X86)₩Internet Explorer to see the subordinate files

e. 과제-5 (Task-5)

iexplore.exe 를 더블클릭하여 실행시키시요

Double click the iexplore.exe to execute it

Topic: 76.연습 – 파일 익스플로러 (Practice – File Explorer) L-455	Purpose: 파일 익스플로러 숙지
Prerequisite: L-451 C Drive (C 드라이브)	Memo

과제	a. 과제-1 (Task-1) 파일 익스플로러를 기동하시요 Invoke the File Explorer b. 과제-2 (Task-2) 바탕화면 노드로 가시요 Go to the Desktop node c. 과제-3 (Task-3) "보기"메뉴에서, "매우 큰 아이콘" 과 "자세히" 옵션의 디스플레이 형태를 각각 설명하시요 Explain the display form of "Extra Large Icons" and "Details" options respectively in "View" menu d. 과제-4 (Task-4) "자세히" 옵션일 경우, 열 제목을 말하시요 Find the column headings in "Details" view e. 과제-5 (Task-5) 수정일자순으로 파일을 정렬하시요 Sort the files by ascending order in modification date

<table>
<tr><td>Topic:
77.휴지통 (Recycle Bin) L-457</td><td>Purpose:
휴지통 사용하는 법</td></tr>
<tr><td>Prerequisite:
L-455 Practice – File Explorer (연습 – 파일 익스플로러)</td><td>Memo</td></tr>
</table>

<table>
<tr><td>개요</td><td>

삭제 파일 /폴더를 저장하는 공간(폴더 처럼). 나중에 필요하면 삭제됐던 파일/폴더를 다시 복구할 수도 있다.

A folder like space to hold deleted files and folders that enables us to recover the objects if we want later

</td></tr>
<tr><td>복구</td><td>

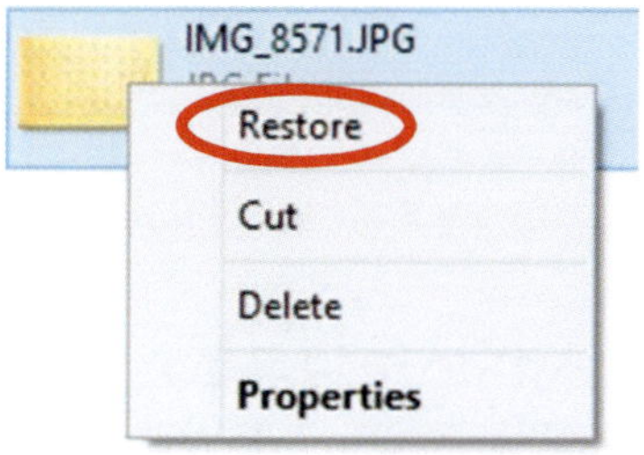

Figure 107 – 파일 복구

복구 명령은 파일/폴더를 삭제됐던 지점으로 되돌려 놓는다

Restore command will restore the file into the location where the file/folder was deleted

</td></tr>
<tr><td>영구 삭제</td><td>

만약 휴지통 내의 파일이나 폴더를 지우면, PC 내에서 영구 삭제된다

If we delete a file or folder within the recycle bin, then it will be removed permanently from the PC system.

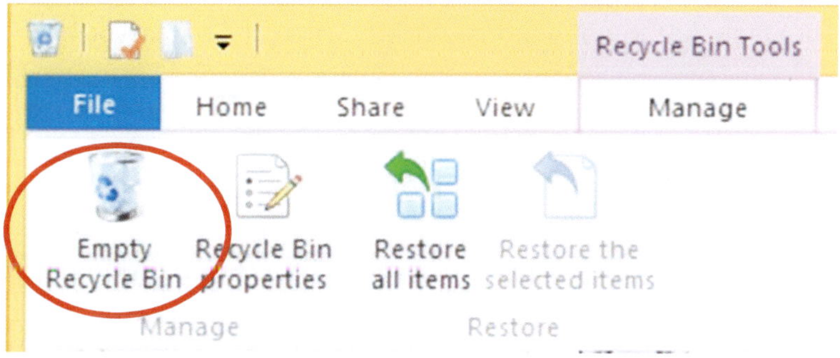

Figure 108 – 영구 삭제

"휴지통 비우기" 명령은 모든 파일/폴더를 영구 삭제한다

"Empty Recycle Bin" command will empty the recycle bin.

</td></tr>
<tr><td>삭제 확인</td><td>

파일/폴더 삭제시 확인 대화창을 띄우는 옵션은, 휴지통의 속성 창에서 정한다

"Delete Confirmation Dialogue" option can be specified at the property window of recycle bin

</td></tr>
</table>

Topic: **78.다운로딩 (Downloading) L-460**	Purpose: 파일 다운로드
Prerequisite: L-455 Practice – File Explorer (연습 – 파일 익스플로러)	Memo

다운 로드	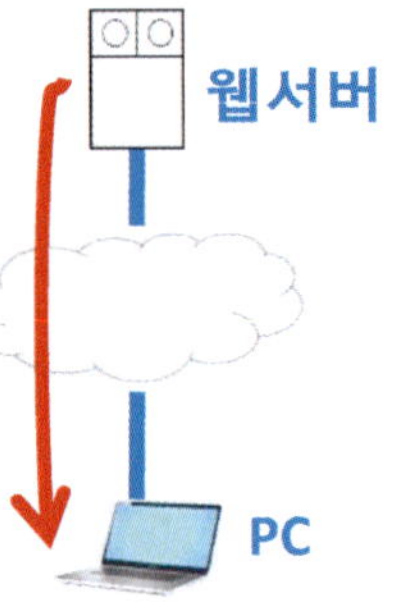 원격지 서버 컴퓨터로부터 로컬 PC 로 자료를 내려받는 것을 의미한다 To receive data to a local PC from a remote Server computer system **Figure 109 – 다운로드 개념**
업 로드	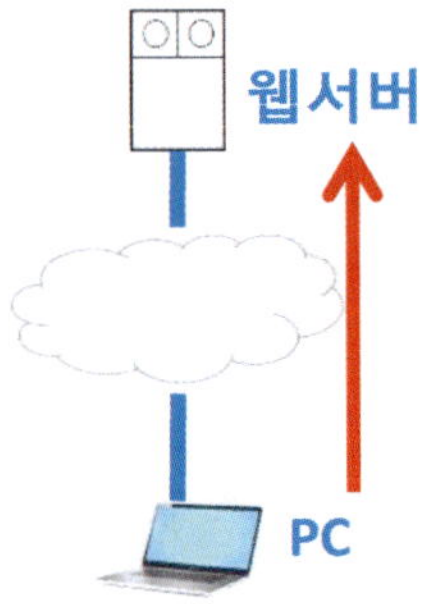 로컬 PC 의 자료를 원격지 서버 컴퓨터로 올리는 것을 말한다 To send data to a remote Server computer system from a local PC **Figure 110 – 업로드 개념**

연습

Download Web Photo (인터넷 사진 다운로드)

1) 웹 브라우저를 기동한다
Invoke a web browser

2) 웹브라우저를 사용해 목적 페이지를 찾아간다
Navigate to the target web page via a web browser

3) 사진 이미지를 클릭하여 원본을 지정한다
Point the source photo image by clicking on

4) 웹 브라우저에게, 원본 사진을 로컬 파일로 저장하라는 명령을 내린다
Command the web browser to save the photo as a local file

5) (웹브라우저가 사진 저장 위치와 이름을 묻기 위해 대화창을 띄운다)
(Web browser will ask the location and file name of the local file through a dialogue box)

6) 대화창에서 파일 위치와 이름을 지정한다
Designate the location and name of the file in the dialogue box

7) (대화창을 마치면서 내려받기가 시작된다)
(Download will start after the completion of the dialogue box)

8) **내려받기** 프로세스가 끝날 때까지 기다린다
Wait until the downloading process finished

9) 파일 익스플로러를 기동한다
Invoke the File Explorer

10) 지정했던 위치로 가서 파일이 제대로 내려왔는지 확인한다
Go to the designated location of the file to check the file status

사진 올리기 (Upload the Photo)

1) 구글 "이미지로 검색하기"에서, 위의 파일을 업로드하시요 (연습)
At Google "Search by image", upload the photo saved at above section (Practice)

Topic: 79.연습 – 내려받기(Practice – Download) L-461	Purpose: 파일 내려받기 숙지
Prerequisite: L-460 Downloading (다운로딩)	Memo

과제

a. 과제-1 (Task-1)

인터넷 구글닷컴으로 찾아가시요

Navigate to http://google.com

b. 과제-2 (Task-2)

검색창에 "winter"라고 치고 이미지 탭을 눌러 원하는 사진을 고르시요

Search "winter" and select an image you want at the image tab

c. 과제-3 (Task-3)

원하는 사진을 클릭하여 큰 사진을 보시요

Click the image to see a larger one

d. 과제-4 (Task-4)

이미지 위에서 오른 클릭하여 컨텍스트 메뉴를 보시요

Look at the context menu by right clicking on the image

e. 과제-5 (Task-5)

"다른 이름으로 이미지 저장" 옵션을 선택하여 이지미를 로컬에 저장하시요

Save the image as a local file by selecting the option of "Save Image As"

Topic: **80.연습 – 어도비 리더 내려받기(Practice – Download Adobe Reader) L-464**	Purpose: 어도비 리더 내려받기 연습
Prerequisite: L-461 Practice – Download (연습 – 내려받기)	Memo

과제

a. <u>과제-1 (Task-1)</u>

다운로드 사이트를(http://get.adobe.com/reader/otherversions) 찾아가시요

Navigate to http://get.adobe.com/reader/otherversions

b. <u>과제-2 (Task-2)</u>

운영 환경 정보를 입력하고,

Enter the platform information

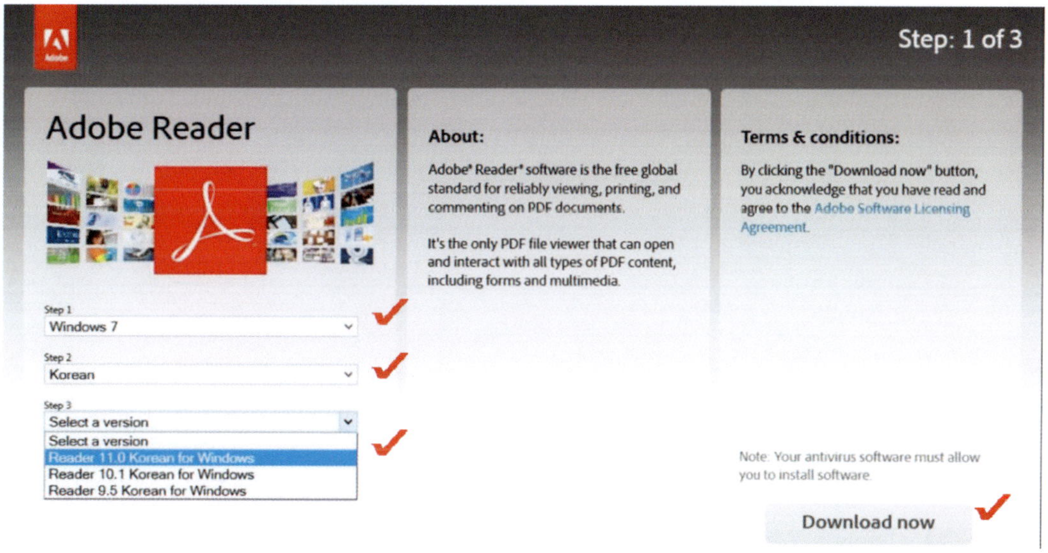

"다운로드" 버튼을 클릭하시요

Click the "Download now" button

과제

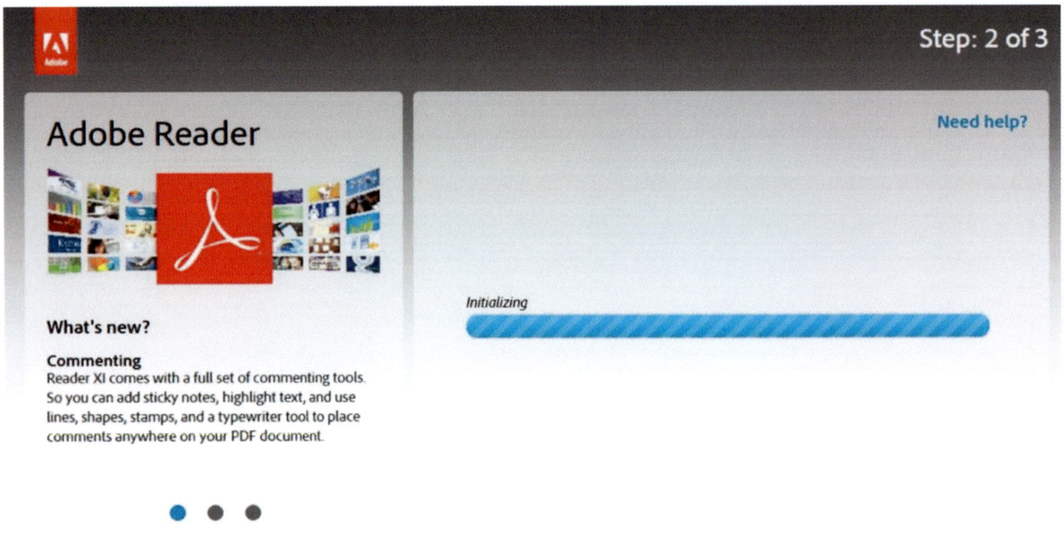

c. <u>과제 3 (Task 3)</u>

파일을 저장하시요

Save the file.

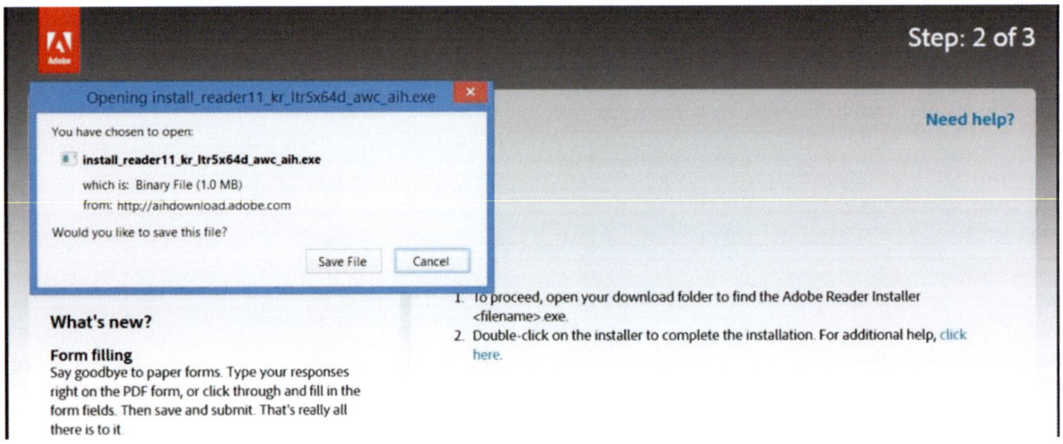

Topic: 81.어도비 리더 설치(Adobe Reader Installation) L-465	Purpose: 어도비 리더 설치
Prerequisite: L-464 Practice – Download Adobe Reader	Memo

시작

a. Start Installation (설치 시작)

다운로드 폴더를 열고 "어도비 리더" 설치 파일을 찾아 실행시키시요

Open your download folder to find the Adobe Reader Installer and execute

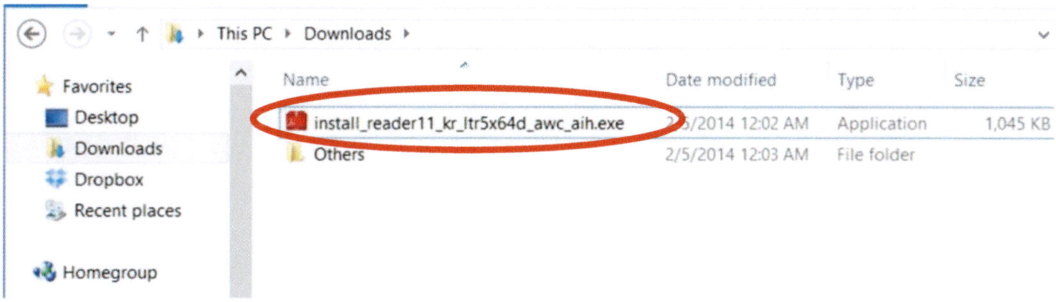

승인

b. Permission (승인)

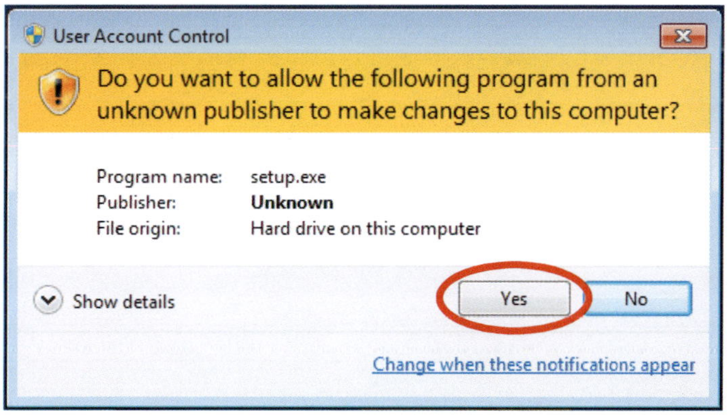

진도	c. Progress (진도) 
종료	d. Finish (종료) 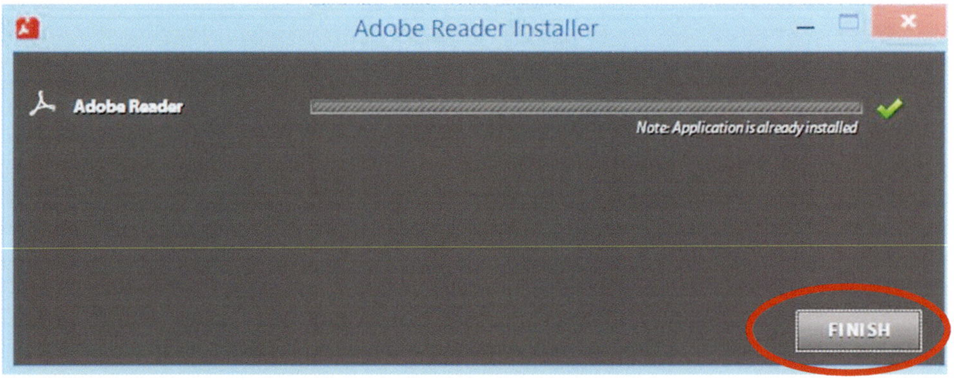
확인	PDF 파일을 열어 보아서, 프로그램이 제대로 설치되었는지 확인한다

Topic: **82. 아바스트 백신 설치 (Avast Vaccine Installation) L-466**	Purpose: 아바스트 백신 내려받아 설치하기
Prerequisite: L-461 Practice – Download	Memo

찾기	구글에서 "무료 아바스트 내려받기"를 찾는다 Navigate to http://google.com to search "**Avast Download Free**"
다운 로드	해당 웹사이트로 가서, 무료 설치 프로그램을 다운로드 한다 Go to the download website and download the "Free Antivirus" program.  **Figure 111 – 아바스트 다운로드 선택**
설치 시작	내려받은 파일을 찾아 실행시키고, 요청이 있기든 설치를 허락한다. Find the downloaded file to execute it. If asked, then permit the installation.

허락	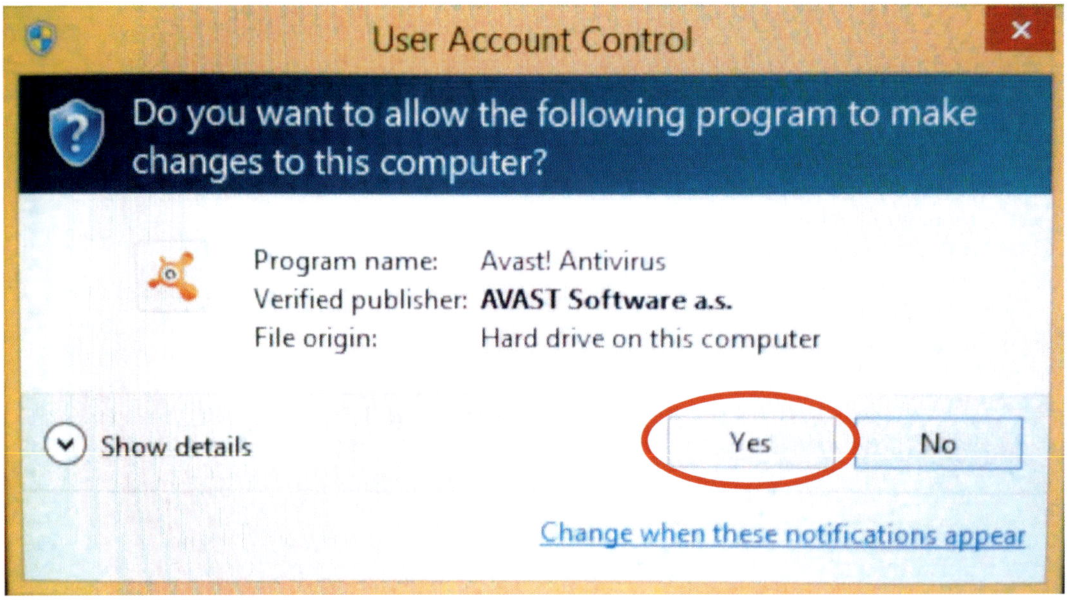
구성 및 설치	절차에 따라 구성하고 설치한다 (Configure & install it by given procedure) 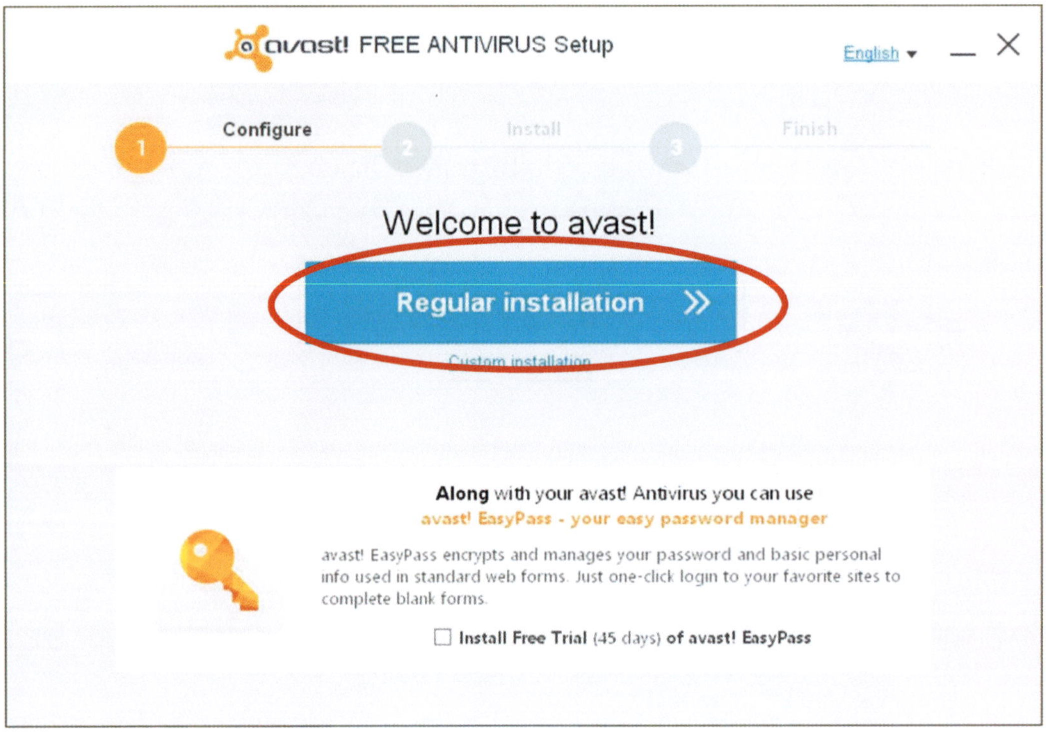

Topic: **83.파일 열기 (Open a File) L-470**	Purpose: 파일 타입별 지정 프로그램 이해
Prerequisite: L-439 File editing and saving II (편집 및 저장 II)	Memo

개요

Figure 112 – 매체와 사람

설명

<u>File & Program (파일과 프로그램)</u>

소프트웨어의 융통성과 다기능성을 위하여, 로직(논리)로부터 자료를 구분할 필요가 있으며, 논리가 프로그램의 틀을 입듯이 자료는 파일의 형태를 취한다.

It's needed to separate data from logic in order to get a flexibility & versatility in software. The logic wears the appearance of cloths as data takes a form of file.

<table>
<tr><td>결합</td><td>
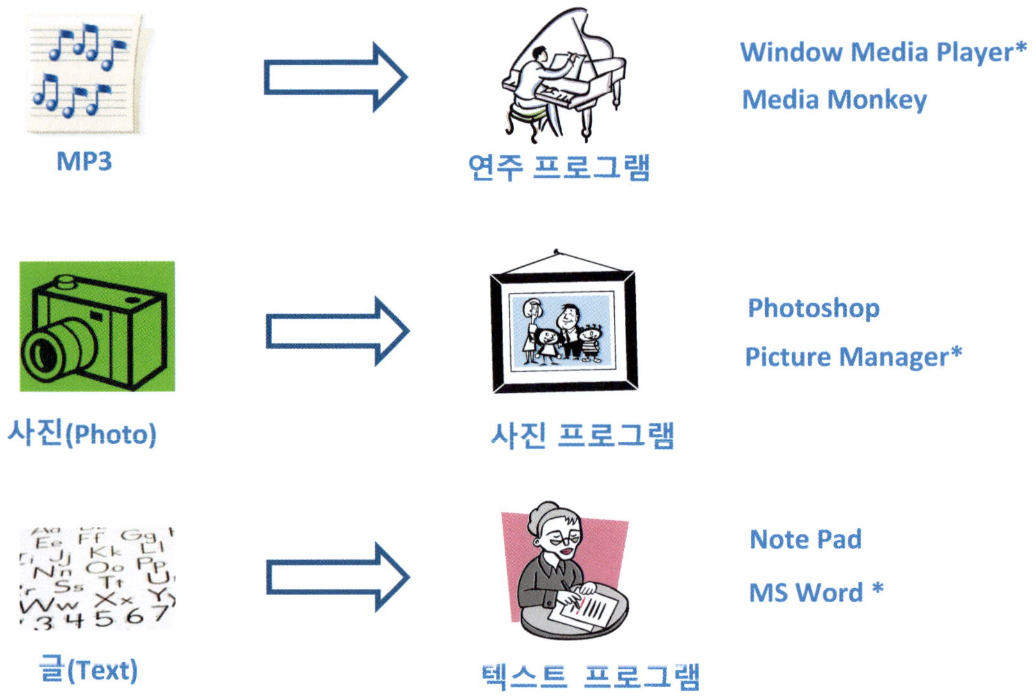

Figure 113 – 파일과 프로그램
</td></tr>
<tr><td>열기</td><td>
"열기"라 함은, 관련된 프로그램이 해당 파일을 열어 처리하는 것을 의미하며, 사용자는 특정 파일 타입에 대해 관련 프로그램을 미리 지정할 수 있다.

"Open" means the associated program opens the file and processes it. Computer users may designate an associated program for a specific file type in advance.

.DOC / .DOCX ⇒ MS 워드 프로그램
.XLS / XLSX ⇒ MS 엑셀 프로그램
.JPG ⇒ 픽쳐 매니저 프로그램
</td></tr>
</table>

Topic: **84.연결 프로그램 (Open With) L-475**	Purpose: 파일을 다른 프로그램으로 여는 법
Prerequisite: L-470 Open a File (파일 열기)	Memo

개요

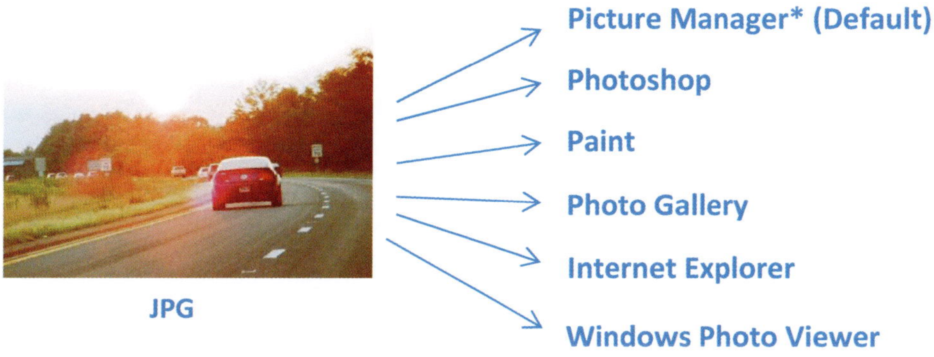

Figure 114 – 한 파일, 여러 프로그램

JPG 사진 파일을 처리할 수 있는 프로그램은 그림 오른 쪽에 보다시피 여러가지가 있으므로, 사용자가 필요한 것을 골라 사용하게 된다.

설명

<u>Associated Program (결합된 프로그램)</u>

.JPG ⇨ 픽쳐 매니저 프로그램 *

결합된 프로그램은 지정 프로그램 또는 기본 프로그램 (Default Program)이라고도 불리며, 별도 지시없이 해당 타입 파일을 열때 실행된다.

방법

a. Other Choice (다른 선택)

JPG 파일을 픽처 매니저 말고 "페인트" 프로그램으로 열고 싶다면 ?

If you want to open a JPG file with "Paint" program rather than the Picture Manager, then?

b. Open With (연결프로그램, =다른 프로그램으로 열기)

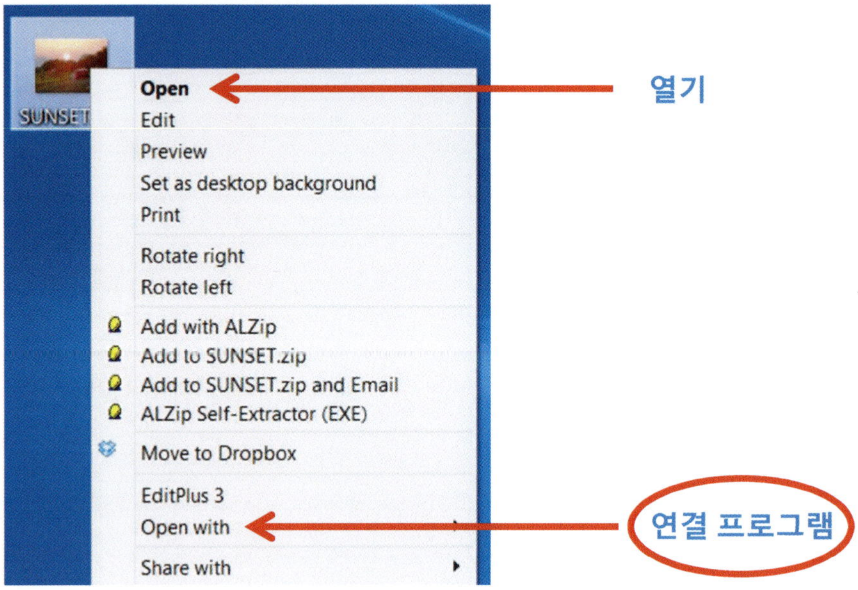

c. Open (열기)

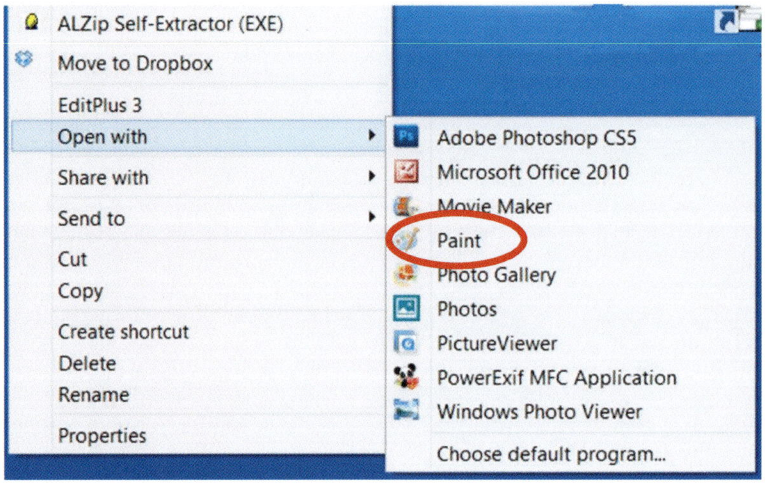

Topic:	Purpose:
85.파이어폭스 웹브라우저 (Firefox) L-480	다른 웹 브라우저 활용하기
Prerequisite: L-465 Adobe Reader Installation (어도비 리더 설치)	Memo

웹 브라우저들	No	Name	Developer	%	Platform
	1	인터넷 익스플로러 Internet Explorer	마이크로소프트 Microsoft	23	Windows
	2	파이어폭스 Firefox	모질라 Mozilla	19	Windows, OS X, Linux, Unix
	3	크롬 Chrome	구글 Google	29	Windows, OS X, Linux
	4	사파리 Safari	애플 Apple	16	OS X

장점	무료 (Free) 표준 준수 (Standards Observance) 뛰어난 지원 모듈 (Versatile Add-ons)
단점	무겁다 (Heavy)

추가 모듈들	Add-on	Function	Downloads
	Adblock +	Blocks annoying video ads	18,451,262
	Firebug	Development Tool	2,884,590
	Translate This	Translate the entire page	72,654
	Seamless Print	Unattended printing	337

아이콘

Figure 115 – 파이어 폭스 아이콘

Topic: **86.파이어폭스 설치 (Firefox Installation) L-481**	Purpose: 파이어폭스 웹브라우저 내려받기 및 설치
Prerequisite: L-480 Firefox (파이어폭스 웹브라우저)	Memo

사이트	http://mozilla.org
내려받기 버튼	 Figure 116 – 파이어 폭스 다운로드 버튼
내려받기 확인	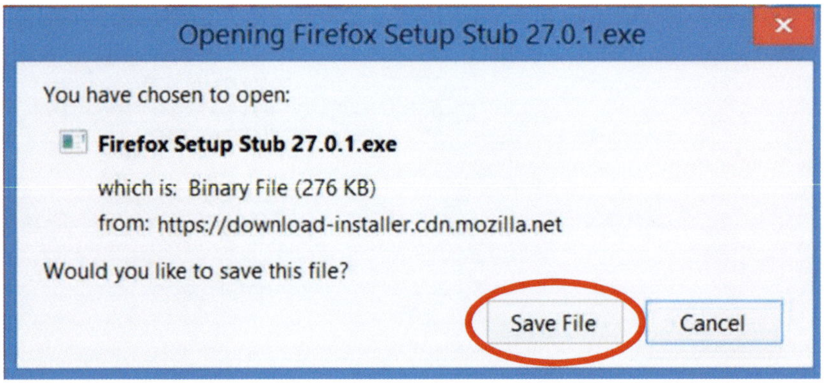 Figure 117 – 내려받기 확인 버튼

내려 받기 대화창	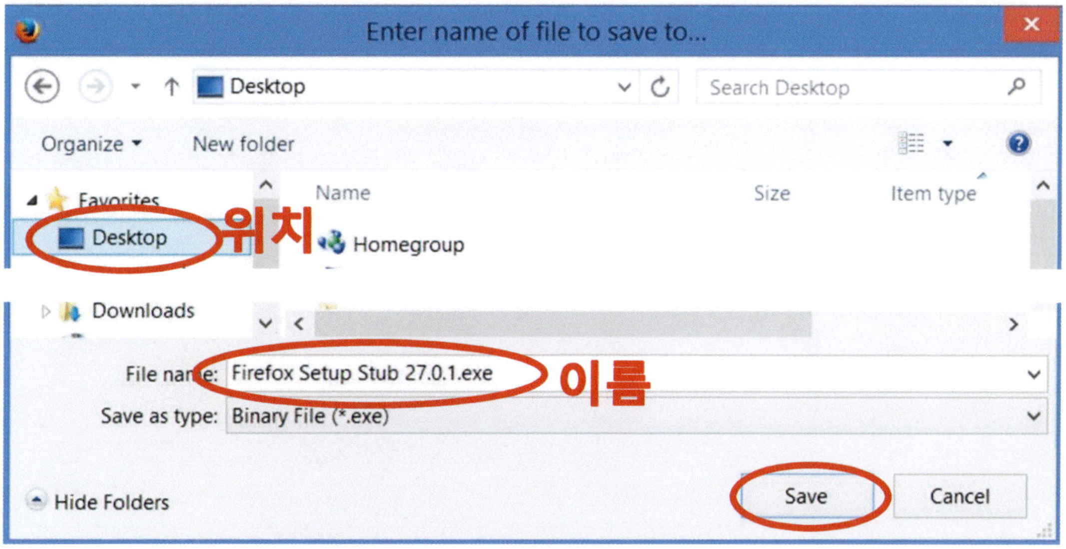 Figure 118 – 내려받기 대화창
설치 승인	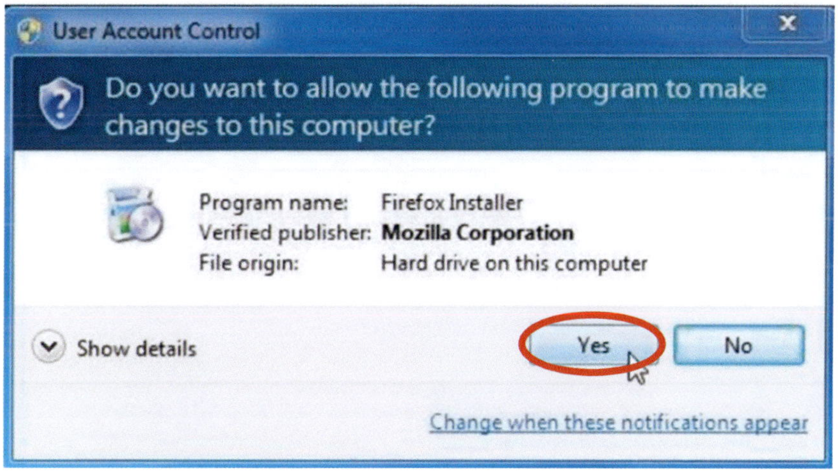 Figure 119 – 설치 승인

<table>
<tr><td>설치 / 업그레이드</td><td>

Figure 120 – 설치 또는 업그레이드</td></tr>
<tr><td>진행</td><td>

Figure 121 – 진행</td></tr>
<tr><td>종료</td><td>설치 후 자동 종료되면 시험 사용</td></tr>
</table>

<table>
<tr><td>Topic:
87.파이어폭스 – 번역기능 (Firefox – Translate This) L-482</td><td>Purpose:
파이어폭스 애드온의 번역기능 설치</td></tr>
<tr><td>Prerequisite:
L-480 Firefox (파이어폭스 웹브라우저)</td><td>Memo</td></tr>
</table>

<table>
<tr><td>애드온</td><td>Translate This</td></tr>
<tr><td>사이트</td><td>http:// addons.mozilla.org (파이어 폭스 애드온 페이지)</td></tr>
<tr><td>검색</td><td>검색창에 입력 “Translate This”</td></tr>
<tr><td>다운
로드</td><td>
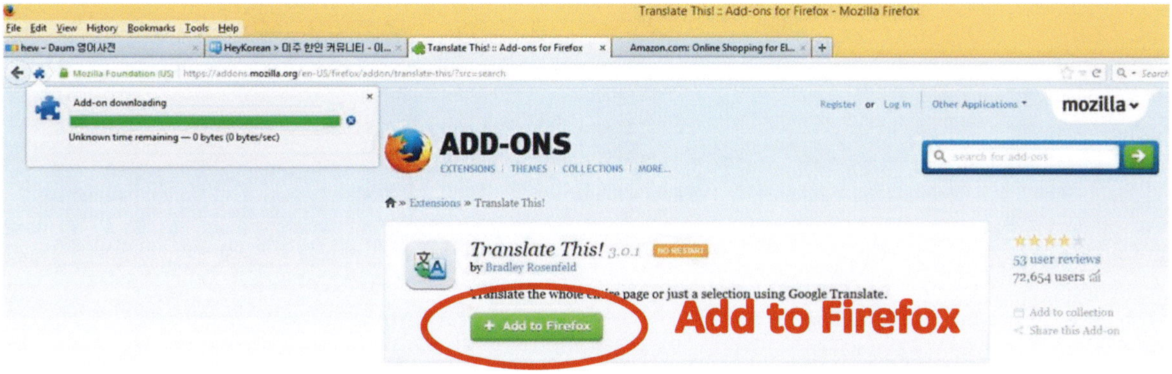

Figure 122 – 애드온 (Translate This) 다운로드
</td></tr>
<tr><td>설치
승인</td><td>
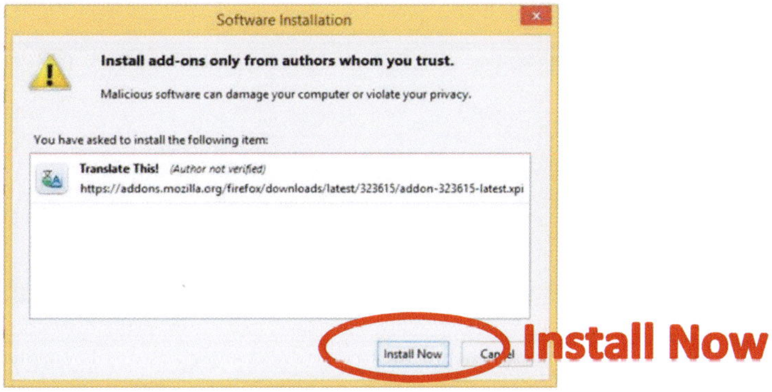

Figure 123 – 애드온 설치 승인
</td></tr>
</table>

<table>
<tr><td>설치
완료</td><td>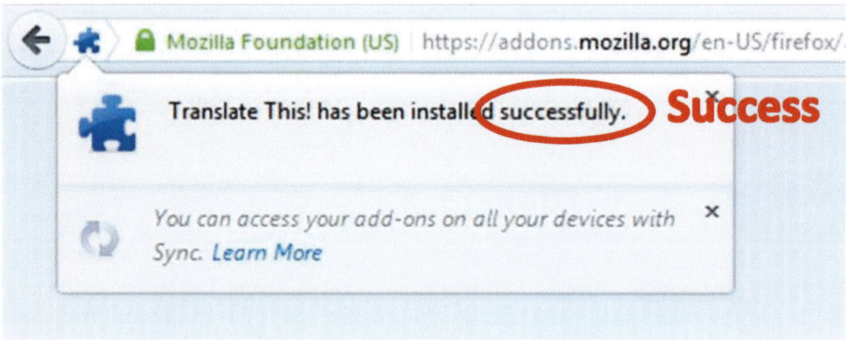

Figure 124 – 애드온 설치 완료</td></tr>
<tr><td>설정</td><td>위치 : Tools/ Extensions/ Translate This! Option
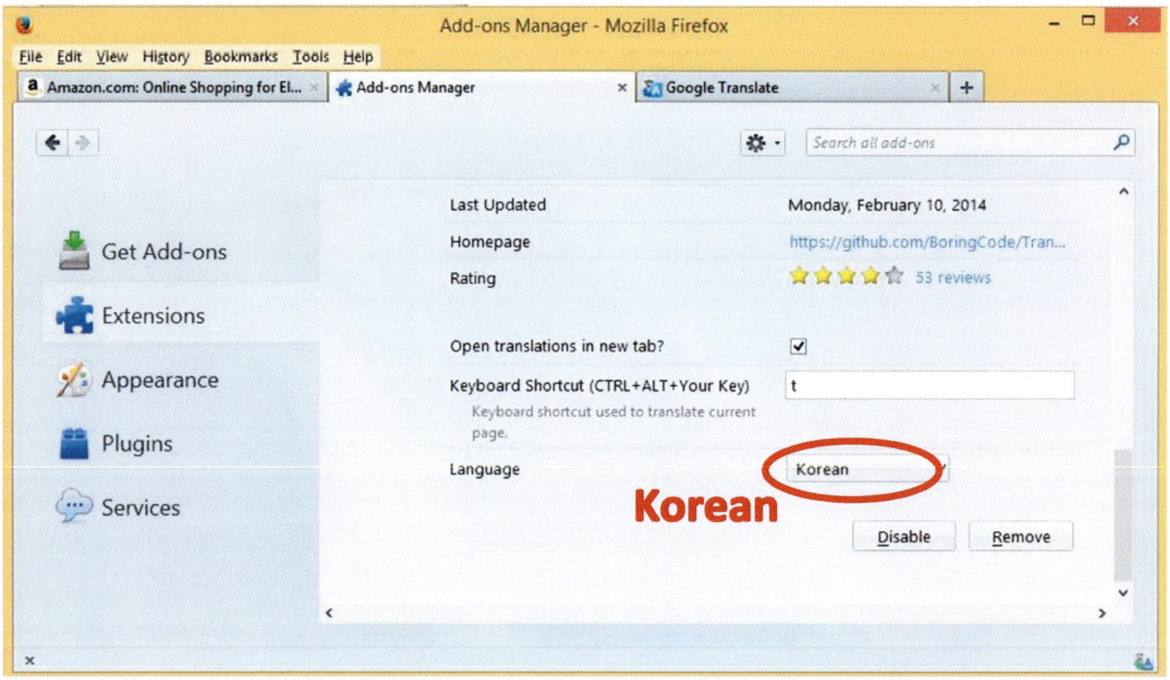

Figure 125 – 목표 언어로 한글 설정</td></tr>
<tr><td>사용
예</td><td>1. http://amazon.com 방문
2. 홈페이지에서 CTRL / ALT / t 를 치면, 새 탭에 번역된 페이지가 만들어 짐</td></tr>
</table>

Topic: 88. 복제, 이동 (Copy, Paste & Cut) L-485	Purpose: 객체 복제 및 이동하는 법
Prerequisite: L-470. Open	Memo

복제 vs 이동

Figure 126 – 복제 vs 이동

조작

<u>간단 키 (Short Key)</u>

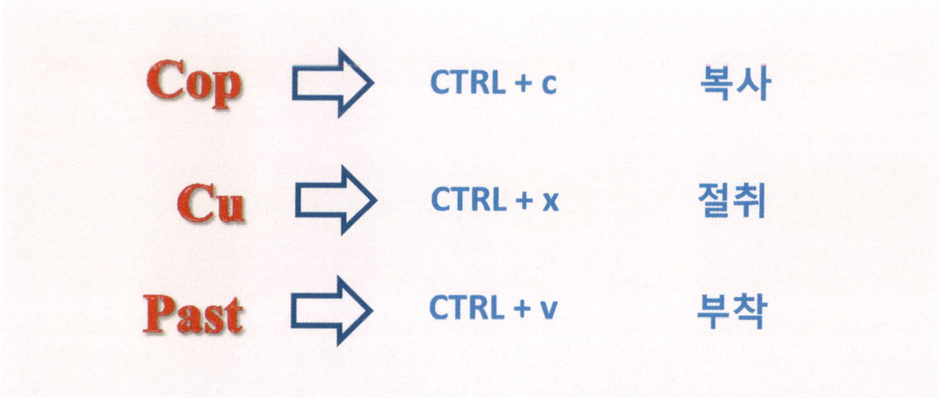

Figure 127 – 복제와 이동 간단키

대상	파일 : 파일 하나 또는 여러개를 (복제 또는 이동시킬 수 있다) 폴더 : 폴더 하나 또는 여러개 텍스트: 드래깅으로 선택한 부분 그림 (파일): 그림 파일 하나 또는 여러개 그림 (텍스트 속에 있는): 드래깅으로 선택한 그림
연습	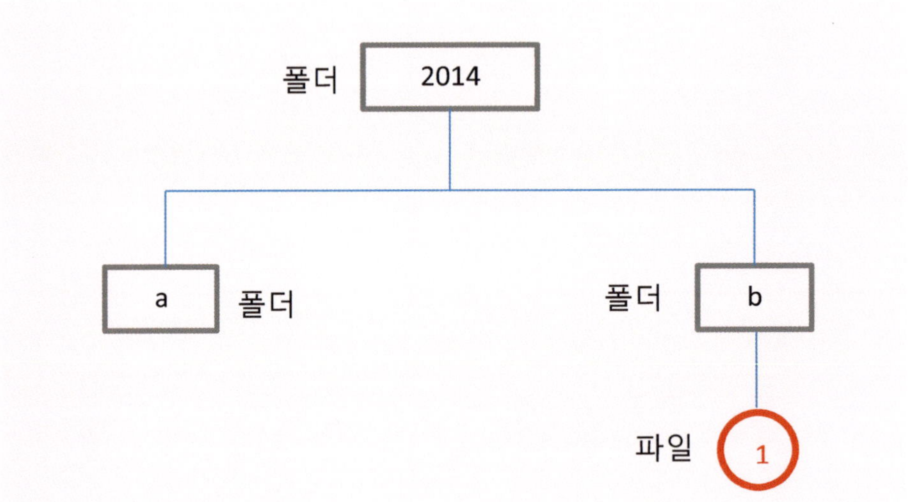 1. 파일 1 을 복제하여 a 폴더로 집어 넣으시요 2. a 폴더 내부에 있는 파일 1 의 이름을 2 라고 고치시요 3. b 폴더의 파일 1 을 a 폴더로 옮기시요

Topic: 89. 아바스트– 빠른 검사 (Avast – Quick Scan) L-490	Purpose: 아바스트 백신의 빠른 검사 시작하기
Prerequisite: L-466. Avast Vaccine Installation	Memo

아이컨 트레이	백그라운드 프로세스들을 모아 놓는 곳. 바탕화면 우측 하단에 있으며 주로 유틸리티들이 모여있음  Figure 128 – 아이컨 트레이
검사 선택 화면	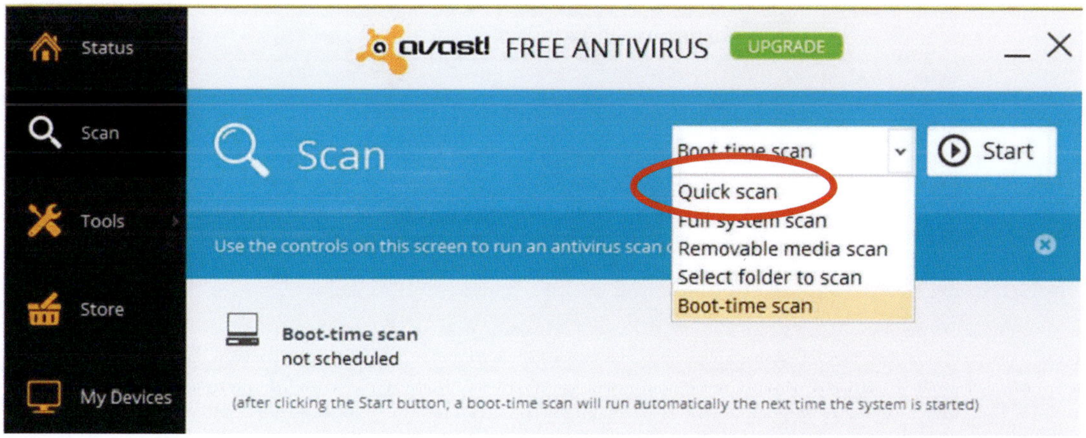 Figure 129 – 아바스트 검사 선택 화면

메인 화면

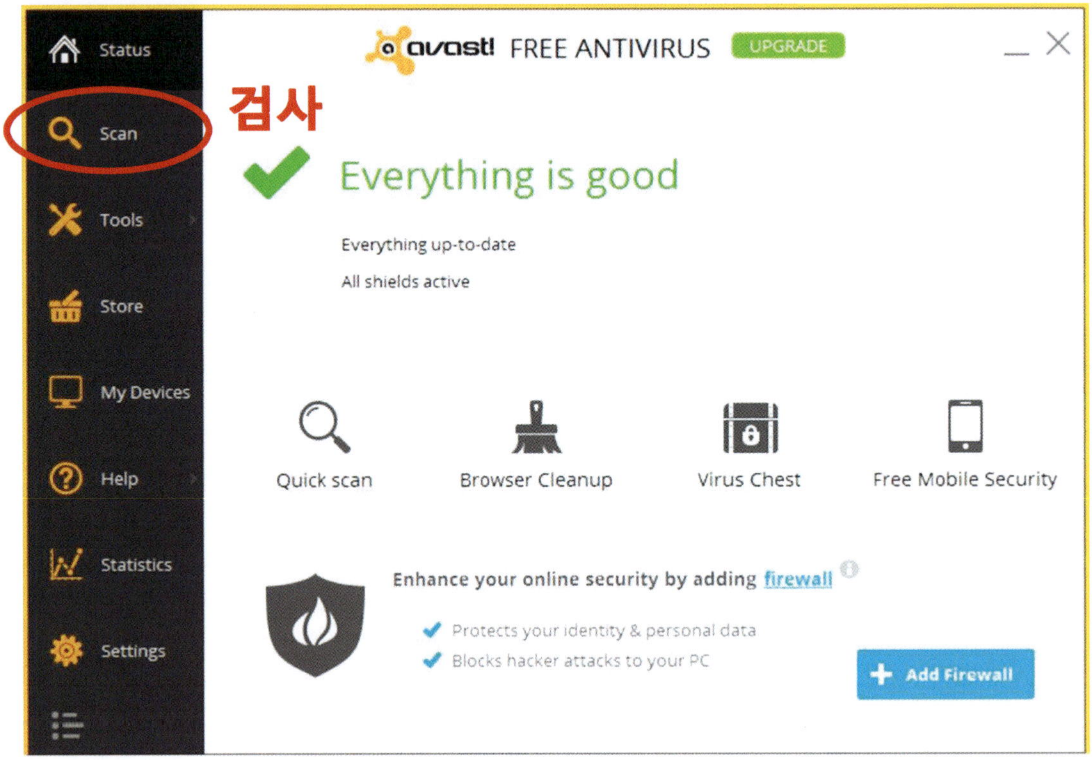

Figure 130 – 아바스트 메인 화면

검사 진행

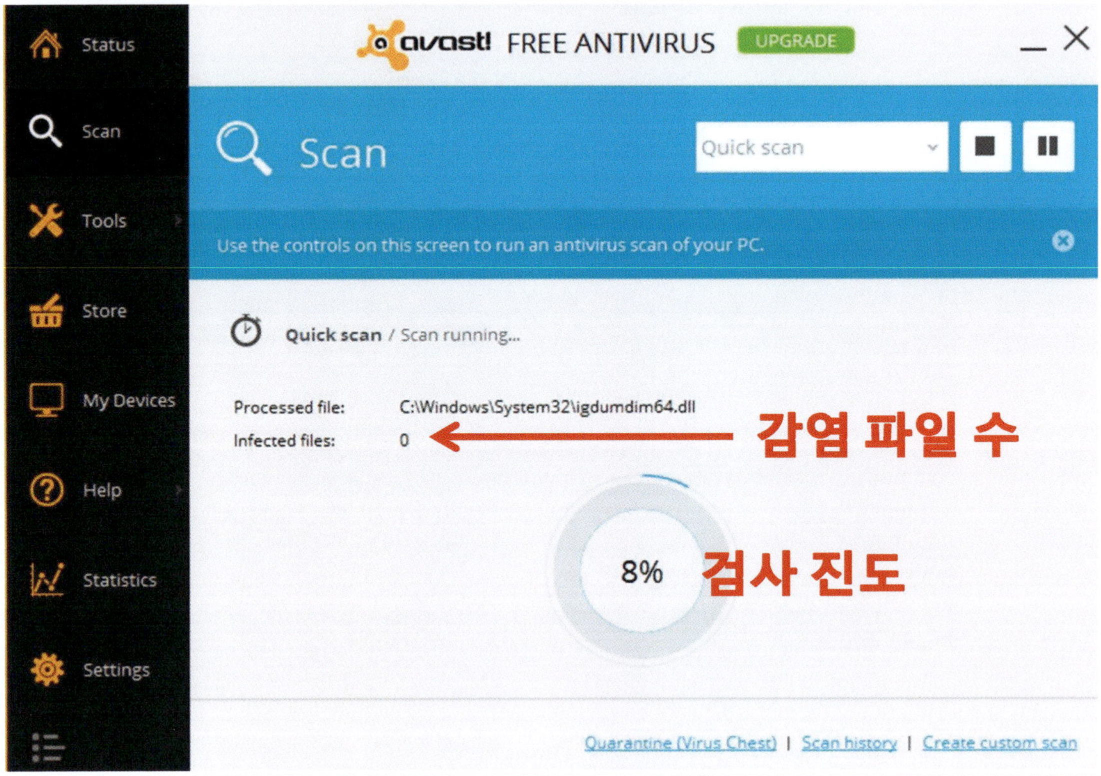

Topic: **90. 아바스트– 부팅 검사 (Avast – Boot Time Scan) L-492**	Purpose: 아바스트 백신의 부팅 검사 시작하기
Prerequisite: L-490 (Avast – Quick Scan)	Memo

장단점

부팅(Booting)	런닝 (Running)
모든 프로세스 정지	일반 프로세스 활동 바이러스 활동
장점: 바이러스 도망 곤란 단점: 오래 걸림	장점: 신속 처리 단점: 치료 실패율 높음
부팅 검사	일반 검사

검사 선택

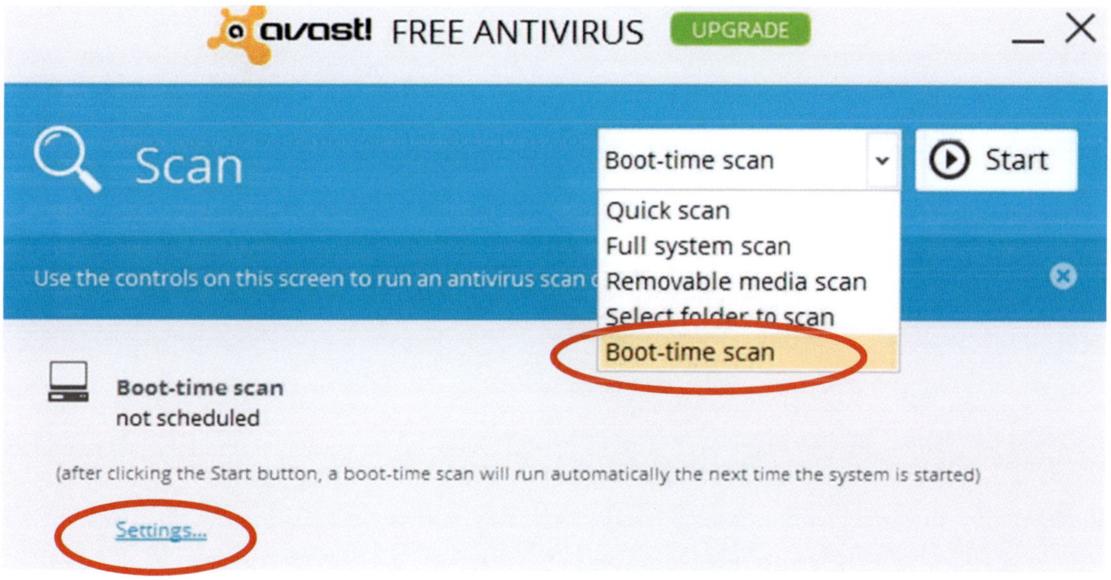

윈도우즈 부팅이 끝나기 전, 즉 바이러스 프로세스들이 활동을 시작하기 전에 아바스트가 검사하므로서 치료 효율을 높인다.

Avast vaccine could perform the scan activity before the Windows® started when most viruses are not awake, so that viruses cannot escape or attack the vaccine.

<table>
<tr>
<td>감염 파일 처리 방법 지정</td>
<td>
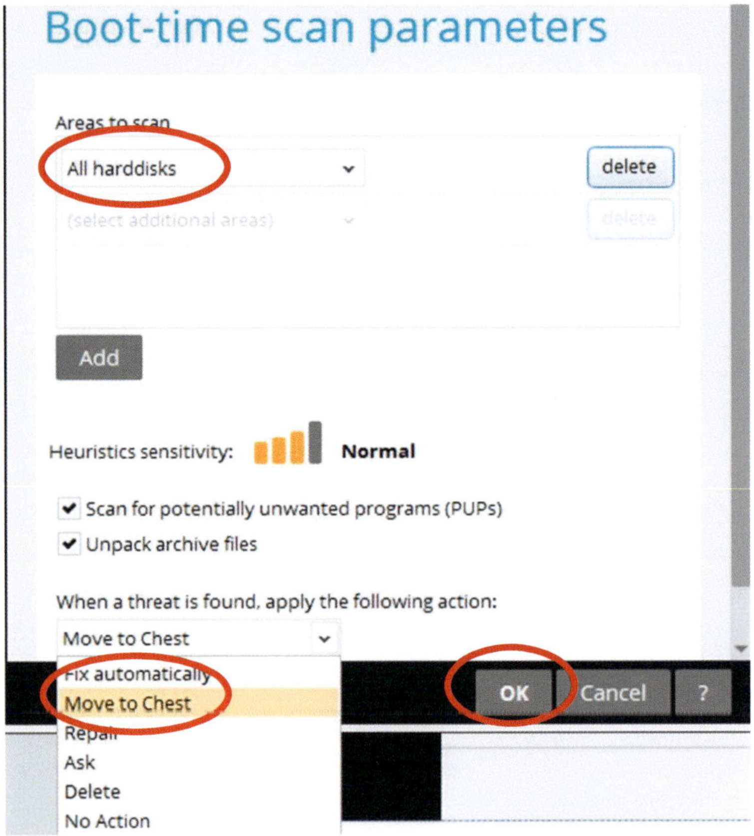

Figure 131 – 아바스트 무팅 검사 옵션
</td>
</tr>
<tr>
<td>리부팅</td>
<td>
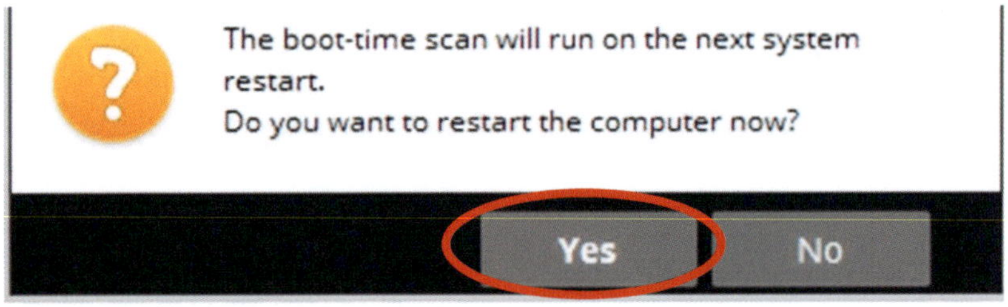

</td>
</tr>
<tr>
<td>스캔 및 탐지, 조치</td>
<td>
1. 자동 리부팅 (Restart)하면서 DOS 모드에서 검사를 시작한다
2. 사용자는 관찰하다가, 필요시 응답을 하면 된다.
3. 미리 처리방법을 지정했음에도 불구하고 처리방법을 물어보는 경우가 있다. 이 경우, 다시 대답해줘야 한다 (대개, “Move All to Chest”)
4. .일반적으로 1~ 3 시간 소요, 파일의 양에 따라 검사 시간이 달라진다.
5. 감염 파일의 이름이 화면에 나타나며, 내부 컴퓨처 파일에도 기록된다
</td>
</tr>
</table>

Topic: **91. 아바스트-검사 결과 확인 (Avast -Scan Result) L-493**	Purpose: 아바스트- 부팅 검사 결과 확인 요령 숙지
Prerequisite: L-492 (Avast – Boot Scan)	Memo

검사 결과	아바스트 백신이 악성 코드를 발견하고 조치를 취한 경우 기록을 남기므로, 검사가 끝난 후 이를 확인할 수 있다. Avast vaccine makes a record in a log file whenever malicious codes are found and processed. So, computer users could check up the log file.
결과 찾기	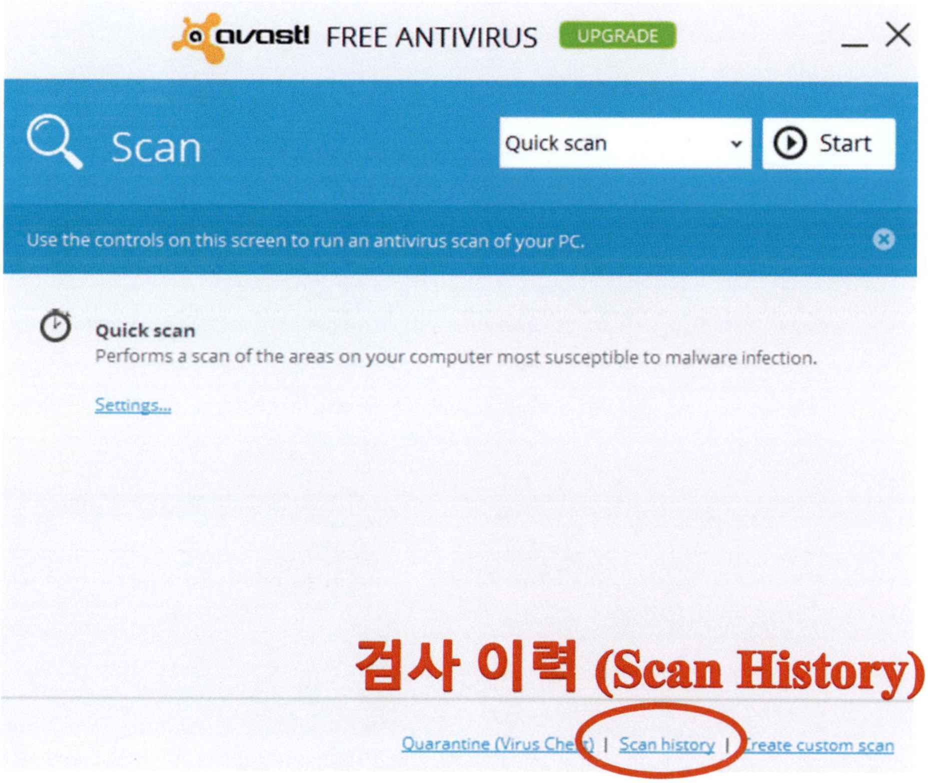 Figure 132 – 아바스트 검사 이력 버튼

검사 이력	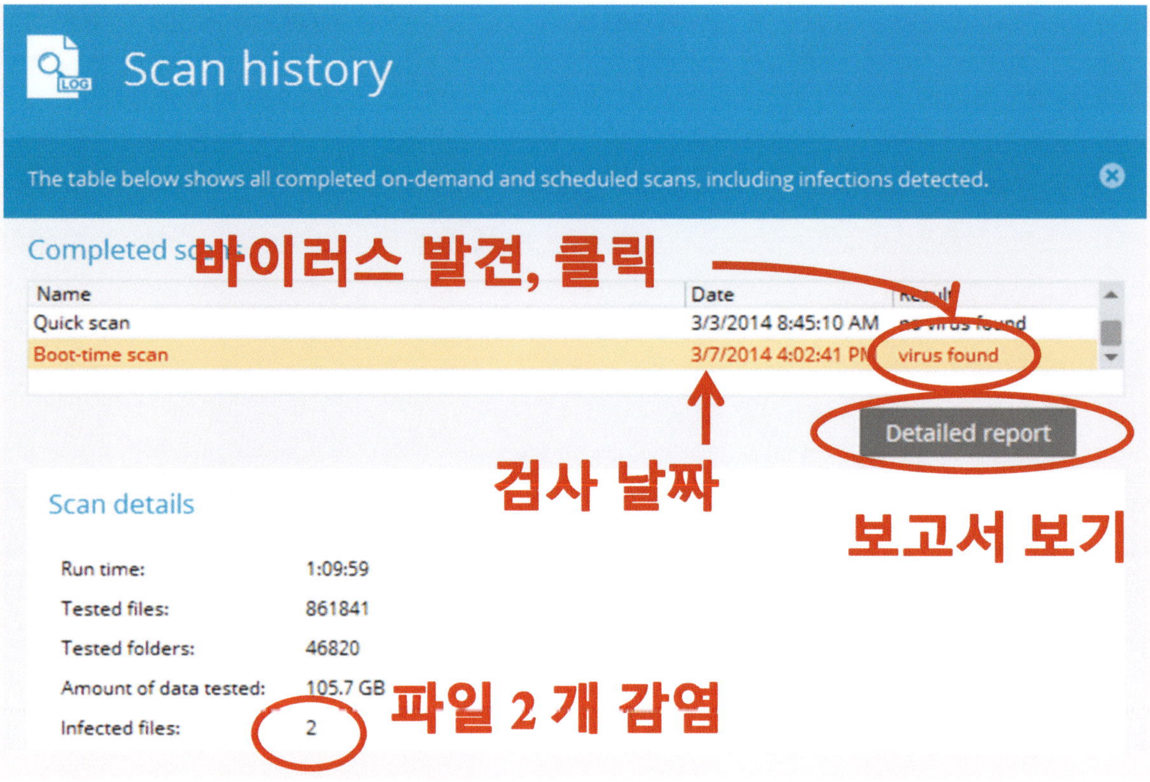 Figure 133 – 아바스트 검사 보고서 보기 버튼
검사 보고서	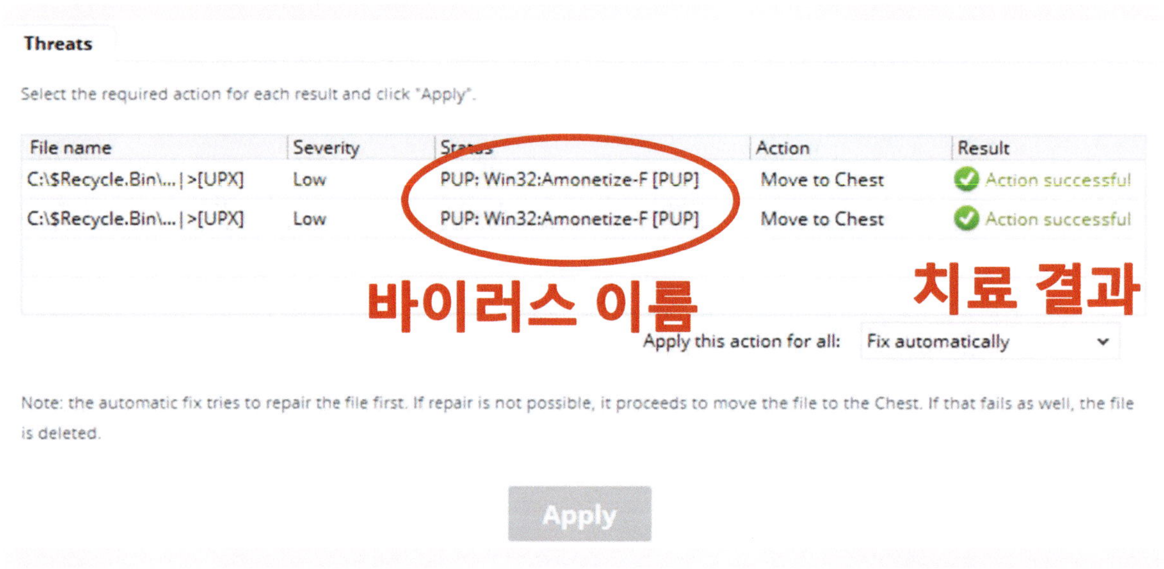 Figure 134 – 아바스트 검사 보고서

91. 아바스트–검사 결과 확인 (Avast –Scan Result) L-493

Topic: 92.태블릿 개요 (Tablet Brief) L-499	Purpose: 태블릿 기기 이해
Prerequisite: L-231.웹서핑 연습– 구글	Memo

장점	**태블릿의 좋은 점 (Tablet Advantage)** 이동이 자유롭다 (Mobile) 가볍다 (Lightweight) 배터리가 오래 간다 (Long Battery) 터치 스크린 – 키보드 마우스가 필요없다 (Touch Screen) 카메라 내장, 사진 동영상 촬영 (Camera Equipped)
단점	**태블릿의 부족한 점 (Tablet Disadvantage)** 씨디, 프린터 사용 곤란 (CD, Printer) 키보드 마우스 사용 곤란 (Keyboard, Mouse) 느리다 (Slow) 저용량 (Capacity Limit, 16 GB) 프로그램 한정 (Apps Not So Many) (주용도: 독서, 영화 감상, 음악듣기, 게임, 인터넷, 이메일, 사진 동영상 촬영)

Chapter V. Tablet – Samsung Galaxy Tab

제 5 장. 태블릿 – 삼성 갤럭시 탭

Chapter V. Tablet – Samsung Galaxy Tab (제 5 장. 태블릿 – 삼성 갤럭시 탭)

태블릿 코스는 인터넷 활용 코스와 윈도우즈 기초 과정을 마쳤거나 대등한 실력을 소지한 분을 대상으로 하며, 안드로이드 OS 기반의 태블릿인 삼성 갤럭시 탭 사용법을 익히는 과정이다.

태블릿은 가볍고 이동이 자유로우며 비교적 배터리가 오래 지속되므로 많은 분들이 침대 위로 가지고 올라간다는 우스개 소리가 날만큼 요즘 인기를 끌고 있다. 또한 카메라가 내장되어 있어 사진 및 동영상을 쉽게 찍을 수 있다는 점 또한 많은 사람의 관심을 끄는 요인이 되고 있다.

이 과정은, 전원 켜는 법부터 시작해서 기기 주변을 돌아가며 붙어있는 각종 스위치의 기능을 익히고 홈 스크린 구성하는 법을 공부한다. 태블릿에서는 클릭 대신 터치를 하게 되며, 길게 터치하기가 윈도우즈의 컨텍스트 메뉴와 비슷한 역할을 맡는다.

기본 기능 중 하나인 와이파이 (Wi-Fi) 잡는 법과 언어 설정하는 법에 이어 성경책 내용을 서비스하는 앱을 다운로드하고 설치하는 법을 공부한다. 이 방법은 다른 앱을 내려받아 설치할 때도 그대로 응용할 수 있으므로 철저히 숙지해 두는 것이 좋겠다.

이메일과 지메일 앱에서는 이메일 계정을 등록하여 사용하는 법을 공부하며, 카메라 사용법을 파악한 후, 사진 전송하는 법을 다룬다.

태블릿을 사용하여 동영상을 촬영하는 분이 늘고 있기 때문에, 동영상 촬영후 유투브에 로딩하는 방법을 소개하며, 지메일 계정을 가지고 있으면 유투브에서도 사용할 수 있다. 이렇게 업로딩 된 영상은 다른 사람들도 유투브에 접속해 쉽게 찾아 볼 수 있으며, 동영상을 이메일로 전달하기에는 용량이 너무 커서 적당치 않다.

PC 에 음악 파일을 가지고 있으신 분은, 태블릿을 연결해 USB 기억장치처럼 다운로딩 후 뮤직플레이어를 사용해 음악을 감상할 수 있다. 기본 앱으로 제공되는 뮤직 플레이어 사용법을 익혀 음악 연주를 즐기는 법을 공부한다.

Topic: 93.켜기 / 끄기 (Power On/Off) L-1010	Purpose: 벽 전원에 기기 연결
Prerequisite: L-140 Hardware (하드웨어)	Memo

전원 연결	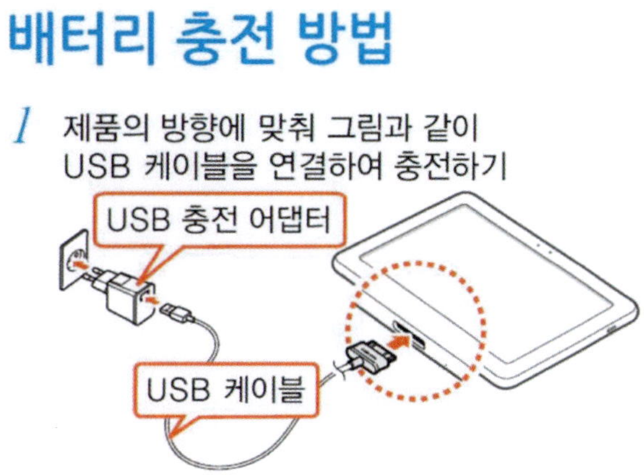 Figure 135 – 갤럭시 탭 2 배터리 충전
전원 켜기	 Figure 136 – 갤럭시 탭 2 전원 켜기

전원 끄기	1 **전원** 길게 누름 2 **태블릿 옵션** 창이 나타나면 **종료** 선택 • **재시작**을 선택하면 전원이 꺼진 후 자동으로 다시 켜집니다. 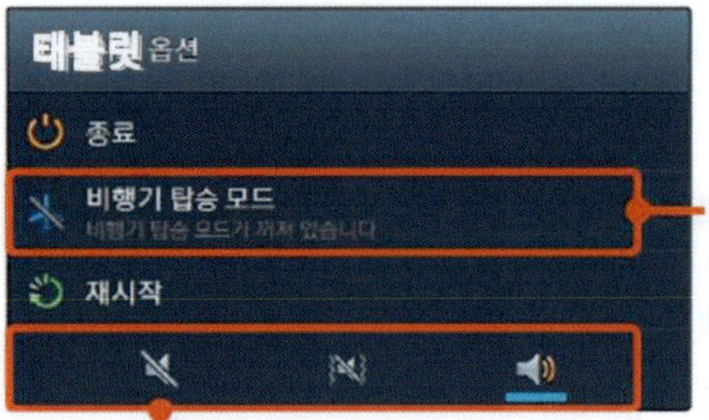 비행기 탑승 모드를 켜거나 끌 수 있습니다. 비행기 탑승 모드를 켜면 통신 관련 기능이 제한됩니다. 제품의 소리 상태 (음소거, 진동, 소리)를 선택할 수 있습니다. 3 **확인** 누름 Figure 137 – 갤럭시 탭 2 전원 끄기
용어	Battery, USB Cable, Tablet, Power Adaptor, Option

Topic: **94.스위치와 기능 (Switch & Functions) L-1020**	Purpose: 스위치와 기능, 인터페이스 이해
Prerequisite: L-1010 Power On/Off (켜기 / 끄기)	Memo

앞면	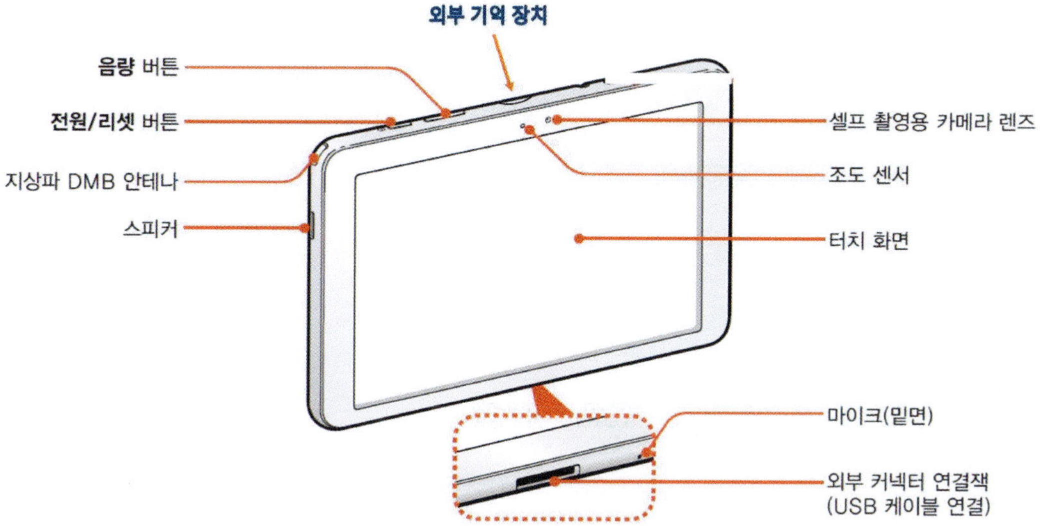 Figure 138 – 갤럭시 탭 2 앞면 버튼
뒷면	 Figure 139 – 갤럭시 탭 2 뒷면 버튼
용어	Micro SD card, Infrared Blaster, GPS (*Global Positioning System)*, USB (*Universal Serial Bus)*, Wi-Fi (= Wireless LAN)

Topic: **95.홈 화면 구성 (Home Screen Layout) L-1030**	Purpose: 홈 화면 구성 이해
Prerequisite: L-1020 Switch & Functions (스위치와 기능)	Memo

홈 화면

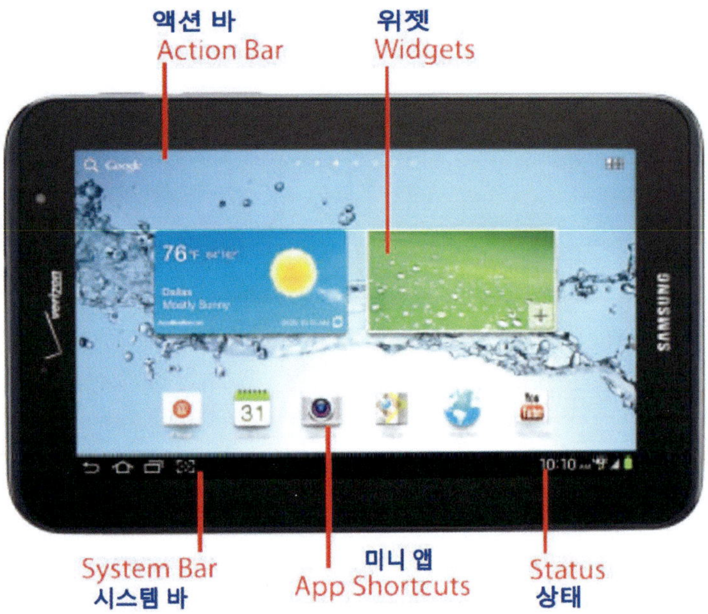

액션 바

앱 또는 화면 관련 메뉴를 보여주는 줄

시스템 바

시스템 관련 메뉴를 보여주는 줄

Figure 140 – 갤럭시 탭 2 홈 화면

Action Bar: Always available at the top of the screen. Updates automatically to provide options, navigation, and other items for the current application or screen

System Bar: Always present at the bottom of the screen, to show notifications, system status, and soft keys for navigation

홈 구성

① 검색 아이콘

② 페이지 아이콘

③ 앱스 화면 실행 아이콘

④ 바탕 화면

⑤ 기능 실행 아이콘
- : 이전 화면으로 이동
- : (짧게) 홈 화면으로 이동
  (길게) **작업 관리자** 미니 앱 실행
- : (짧게) 최근 사용한 애플리케이션 확인
  (길게) 앱스 화면으로 이동
- : (짧게) 실행 화면 캡처 후 편집
  (길게) 실행 화면 캡처 후 저장[42쪽]

⑥ 미니 앱 목록 실행 아이콘

⑧ 패널 화면

화면 하단의 현재 시간을 누르면 패널 화면이 열립니다.

Figure 141 – 갤럭시 탭 2 홈 화면 구성

용어: Action Bar, App, Widget, System Bar, Shortcut, Panel

Topic: **96.홈 화면 변경 (Home Screen Change) L-1040**	Purpose: 배경화면 변경, 아이콘 위치 변경 및 삭제
Prerequisite: L-1030 Home Screen Layout (홈 화면 구성)	Memo

배경 변경

1 홈 화면에서 빈 공간 길게 누른 후 **배경화면 설정** 선택

2 **홈 화면** 선택

- **잠금화면**을 선택하면 잠금 화면의 배경 이미지를, **홈 화면 및 잠금화면**을 선택하면 홈 화면과 잠금 화면의 배경 이미지를 동일하게 변경할 수 있습니다.

3 원하는 목록 선택

갤러리	직접 촬영한 사진 등 제품에 저장된 사진 모음
라이브 배경화면	움직이는 애니메이션 배경 이미지 모음
배경화면	배경 화면용 기본 이미지 모음

4 원하는 이미지 선택

〈화면 예: **배경화면** 선택 시〉

5 **배경화면 설정** 누름

Figure 142 – 갤럭시 탭 2 배경 화면 변경

위치 변경	1 홈 화면 2 이동할 아이콘 길게 눌러 원하는 위치로 드래그 • 다른 페이지로 이동하려면 화면의 좌우 끝으로 드래그하세요.  3 편집이 끝나면 **저장** 누름 **Figure 143 – 갤럭시 탭 2 아이콘 위치 변경**
아이콘 삭제	1 홈 화면 2 삭제할 아이콘 길게 눌러 화면 상단의 휴지통으로 드래그  3 편집이 끝나면 **저장** 누름 **Figure 144 – 갤럭시 탭 2 아이콘 삭제**

Topic:	Purpose:
97.화면 조작 (Navigation) L-1060	화면 조작 요령
Prerequisite: L-1030 Home Screen Layout (홈 화면 구성)	Memo

개요

화면 터치 요령 (How To Touch Screen)

정전식 터치화면은 인체의 미세한 전류를 인식해 동작하므로

손가락 끝의 부드러운 부분을 이용해 조작해야 합니다

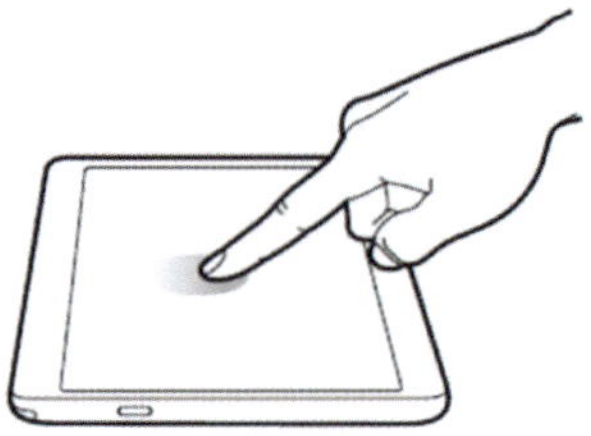

Figure 145 – 갤럭시 탭 2 화면 터치 개념

터치

원하는 기능이나 항목을 선택할 때는 화면을 가볍게 누르세요.

Figure 146 – 갤럭시 탭 2 화면 터치 요령

길게 터치	**길게 터치하기** 특정 항목이나 화면을 길게 누르면 숨은 기능이 실행됩니다. 예를 들어 **연락처** 애플리케이션 실행 중에 연락처 목록을 길게 누르면 바로 실행할 수 있는 기능이 팝업 메뉴로 나타납니다. 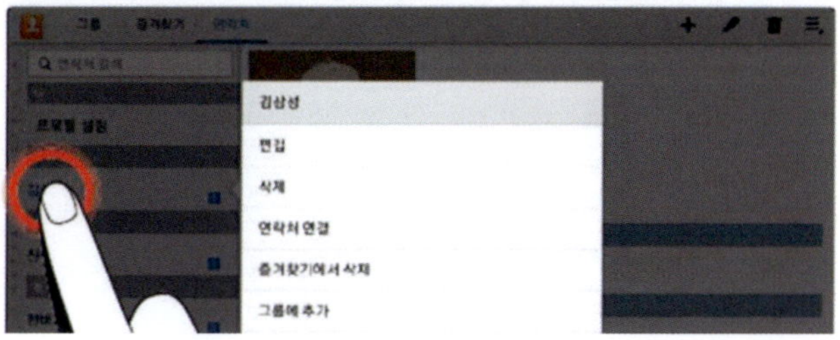 Figure 147 – 갤럭시 탭 2 길게 누르기
드래그	**드래그하기** 화면을 원하는 방향으로 이동할 때는 드래그 동작을 이용합니다.  Figure 148 – 갤럭시 탭 2 끌기

꼬집기	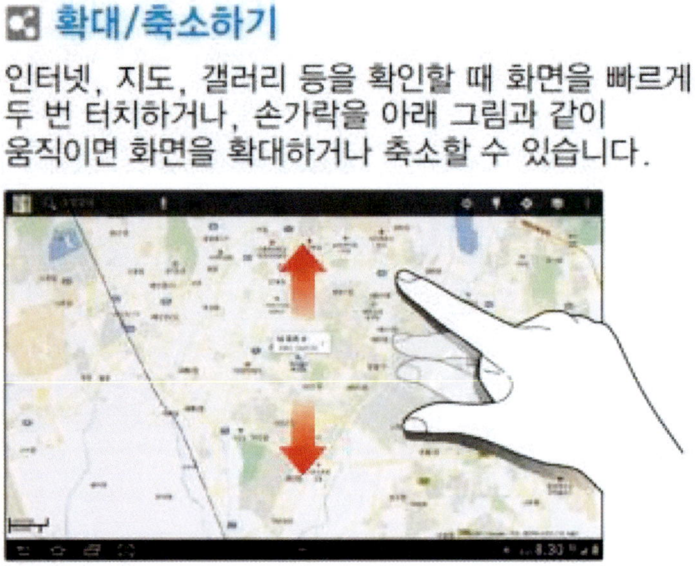 Figure 149 – 갤럭시 탭 2 꼬집기(Pinch)
지르기	Swipe, Flick or Slide (지르기) 드래그와 혼용 가능한 기능으로 주로 홈화면을 다음 장으로 넘길때 사용한다. 드래그를 더 길고 빠르게 한다고 생각하면 된다.

Topic: 98.무선망 (Wi-Fi, Wireless Network) L-1070	Purpose: 무선 개통
Prerequisite: L-1060 Navigation (화면 조작)	Memo

환경 설정	화면 오른쪽 아래 Status (상태) 영역을 터치해 패널이 열리면, 중간의 환경설정 (Settings)을 터치합니다  Figure 150 – 갤럭시 탭 2 환경설정으로 가기

와이 파이

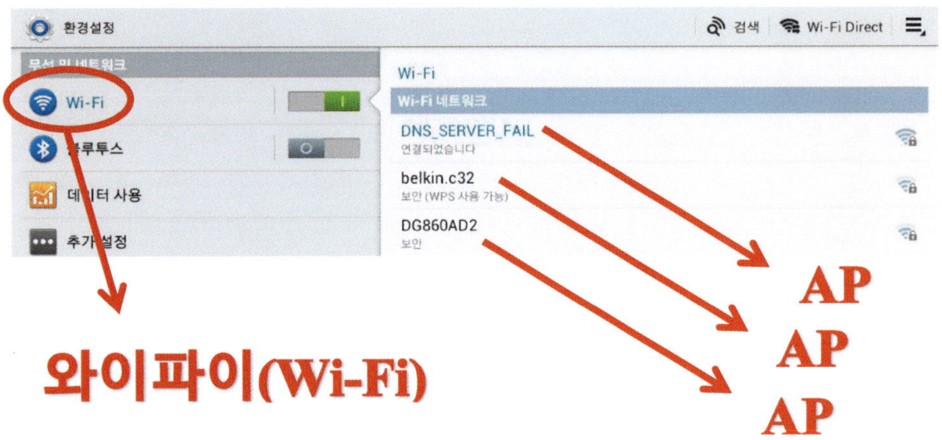

주변의 무선 AP 들이 모두 나타난다.

여러 AP 중에 감도가 좋고 암호를 아는 AP 를 선택하여 접속한다

※ **AP:** Access Point 의 약자로서 네트워에 접근할 수 있도록 허용된 곳을 의미함. 타임워너 케이블이나 버라이존 등 통신회사의 라우터가 설치되어 있는 경우가 많다. SSID 라고도 불리는 AP 이름은 통신회사에서 설치할 때 암호와 함께 알려주므로 잘 적어두어야 하며, 라우터에는 24 시간 전기를 공급해야 한다.

암호 입력

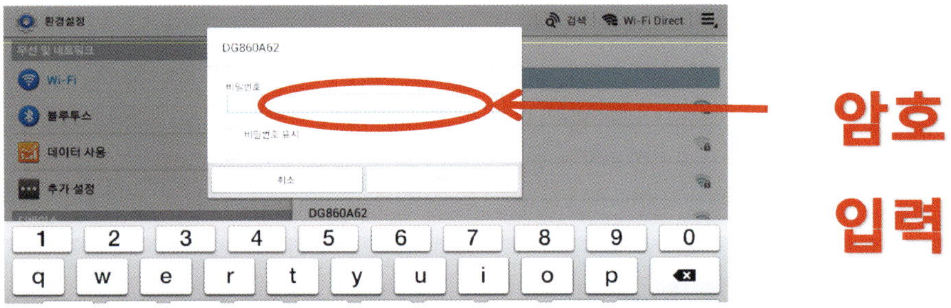

결과 확인: 성공: 연결되었습니다

실패: 사용 불가능.

원격지: 범위내에 없음

개방과 폐쇄	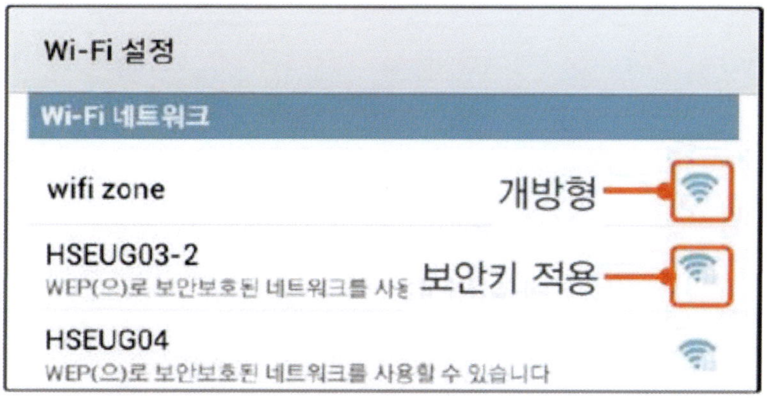 개방형은 암호를 몰라도 개통된다 **Figure 151 – 갤럭시 탭 2 개방형과 폐쇄형 AP**
끄기	Wi-Fi를 사용하지 않을 때는 화면 하단의 현재 시간을 눌러 패널 회면을 열고 누르세요. Wi-Fi가 꺼집니다.  **Figure 152 – 갤럭시 탭 2 와이파이 끄기**

Topic: **99.언어 셋업 (Language Setup) L-1080**	Purpose: 언어 선택
Prerequisite: L-1070 Wi-Fi (무선망, Wireless Network)	Memo

메뉴

Status (상황) 영역 => 환경설정 (Settings) => 언어 (Language)

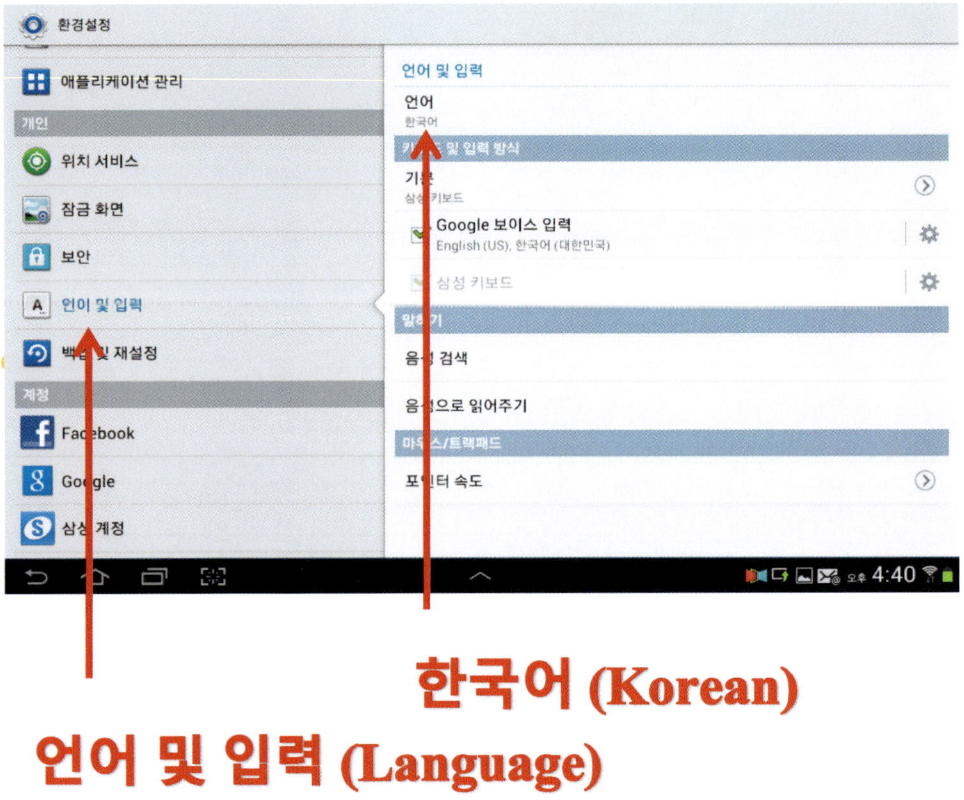

Figure 153 – 갤럭시 탭 2 언어 설정 메뉴

언어

표시된 언어 (한국어 등)를 터치하면 여러 언어의 리스트가 나타난다
그 중에 자신이 원하는 언어를 터치하면 표시 언어가 바뀐다

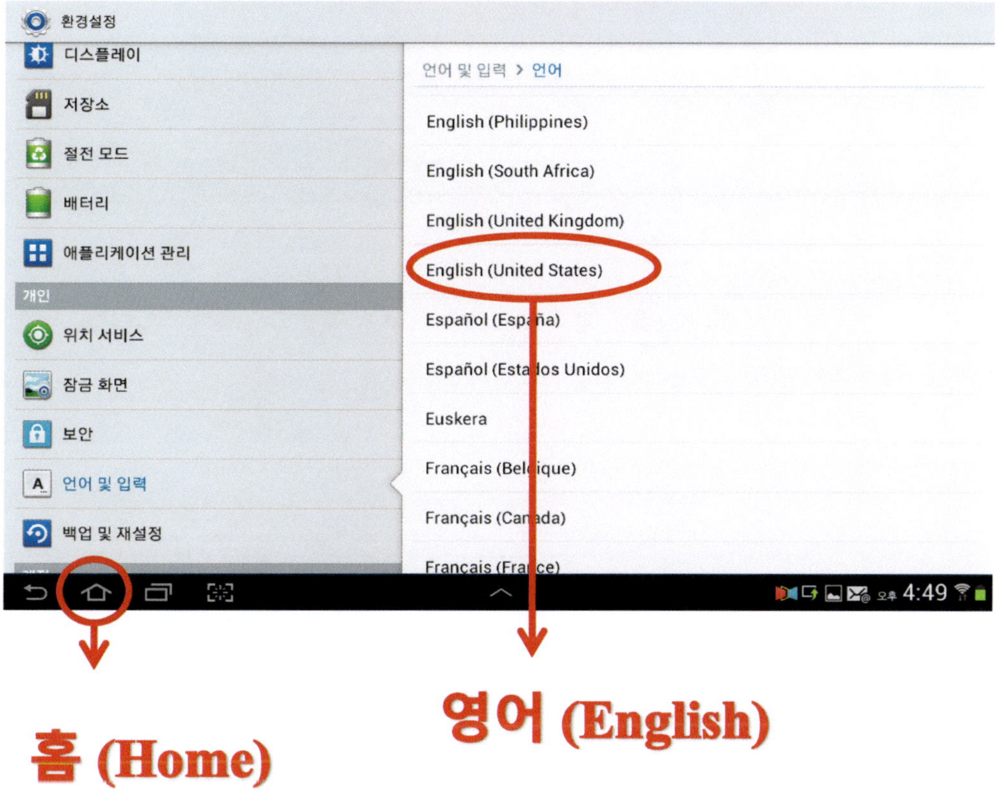

Figure 154 – 갤럭시 탭 2 다양한 언어 메뉴

완료

언어를 선택했으면 홈을 터치하여 홈 화면으로 돌아간다

Topic: **100.플레이 스토어 – 앱 검색 (Play Store - Search) L-1090**	Purpose: 앱 검색 및 다운 받기
Prerequisite: L-1080 Language Setup (언어 셋업)	Memo

플레이 스토어	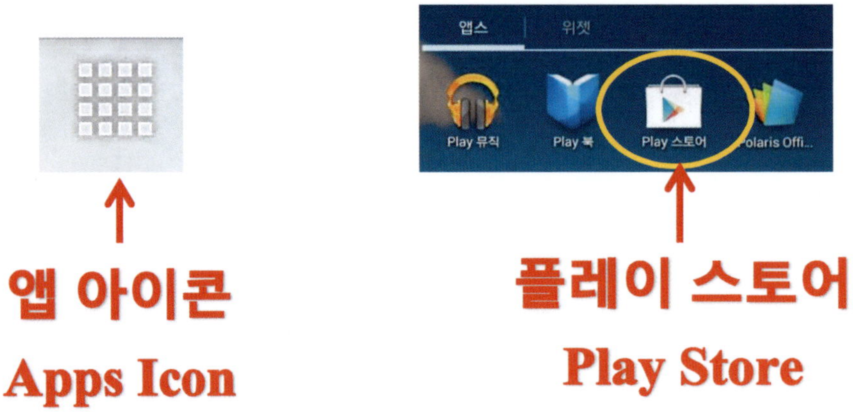 Figure 155 – 갤럭시 탭 2 플레이 스토어에 가기
검색 버튼	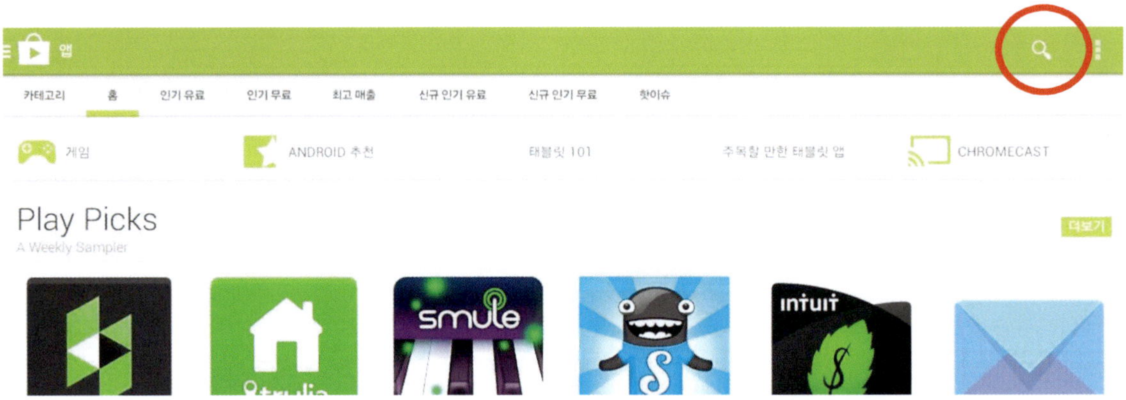 Figure 156 – 갤럭시 탭 2 플레이 스토어 검색 버튼

검색 화면	검색버튼을 터치하면 검색창과 키보드가 나타난다  Figure 157 – 갤럭시 탭 2 플레이 스토어 검색어 입력
검색 결과	 Figure 158 – 갤럭시 탭 2 플레이 스토어 검색 결과

Topic: **101.플레이 스토어 – 앱 설치 (Play Store – App Installation) L-1091**	Purpose: 앱 다운 및 설치
Prerequisite: L-1090 Play Store - Search (플레이 스토어 – 앱 검색)	Memo

앱 검토

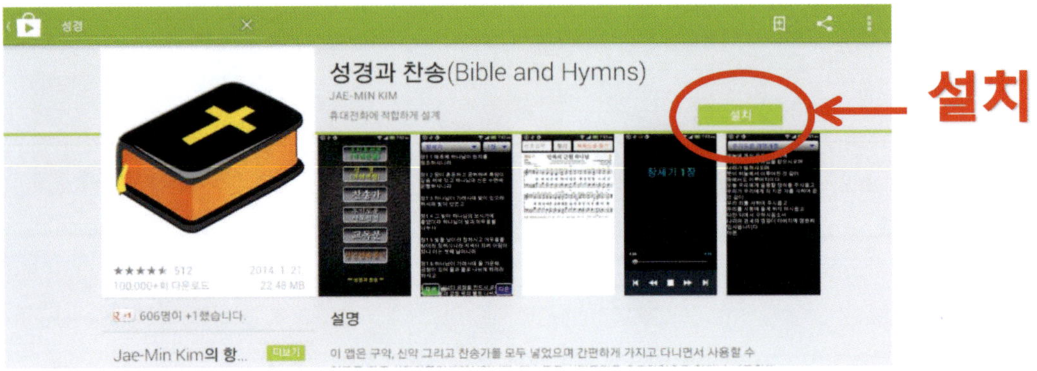

Figure 159 – 앱 특징 검토 후 결정

설치 시작

동의 필요 (Need Agreement)

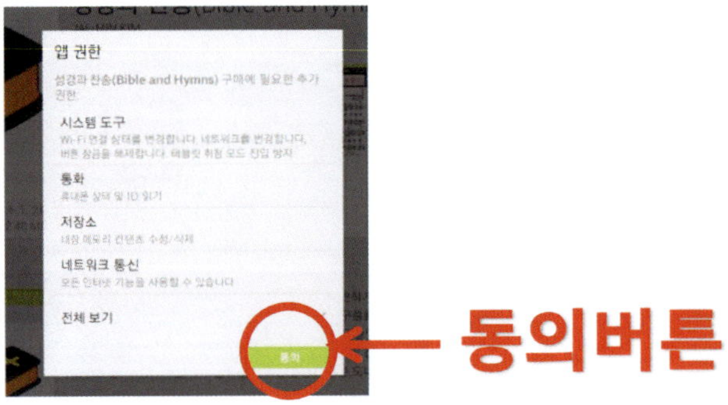

Figure 160 – 갤럭시 탭 2 플레이 앱 설치 동의

설치	설치 진행상황을 보며 기다린다  Figure 161 – 갤럭시 탭 2 앱 설치 진행  Figure 162 – 갤럭시 탭 2 앱 설치 완료
용어	Installation, Progress, Agreement, Play Store

Topic: **102.웹 브라우저 (Web Browser) L-1100**	Purpose: 인터넷 서핑 시작하기
Prerequisite: L-215 Web surfing – Weather.com (웹서핑 - Weather.com) L-1070 Wi-Fi (무선망, Wireless Network)	Memo

<table>
<tr><td>인터넷 앱</td><td>App at Home screen (홈 화면에 위치)
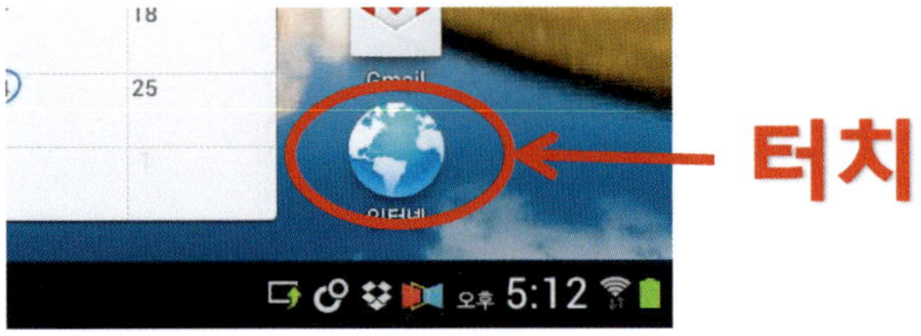

Figure 163 – 인터넷 앱</td></tr>
<tr><td>웹 브라우저</td><td>

Figure 164 – 갤럭시 탭 2 웹 브라우저</td></tr>
</table>

소프트 키보드	 Figure 165 – 소프트 키보드
웹 서핑	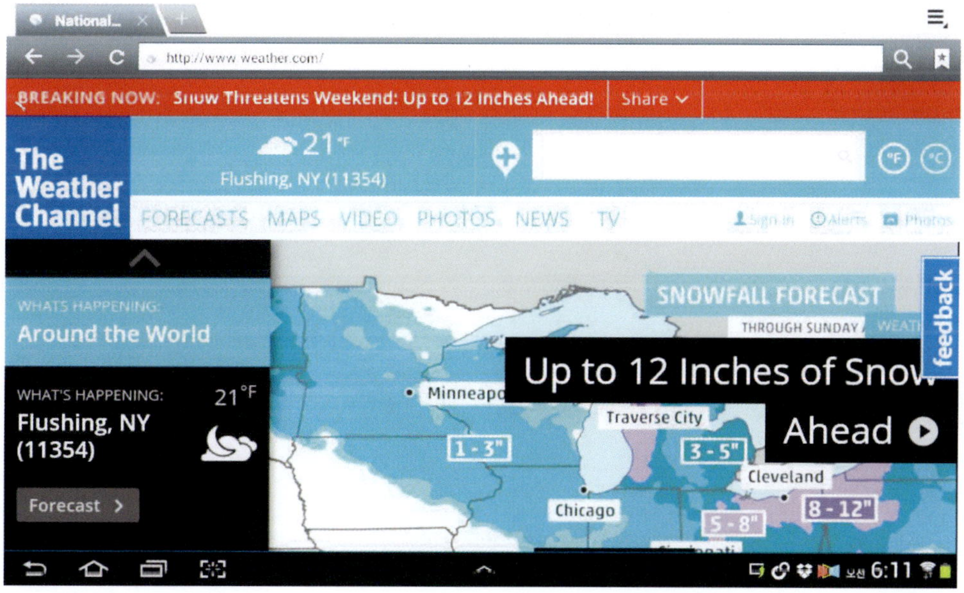 Figure 166 – 웹 브라우징 결과

Topic: 103.지메일 (Gmail) L-1200	Purpose: 지메일 시작하기
Prerequisite: L-1100 Web Browser (웹 브라우저)	Memo

지메일 앱

At Home or App Screen
홈이나 앱 화면에서

Figure 167 – 지메일 앱 (Gmail App)

지메일 초기 화면

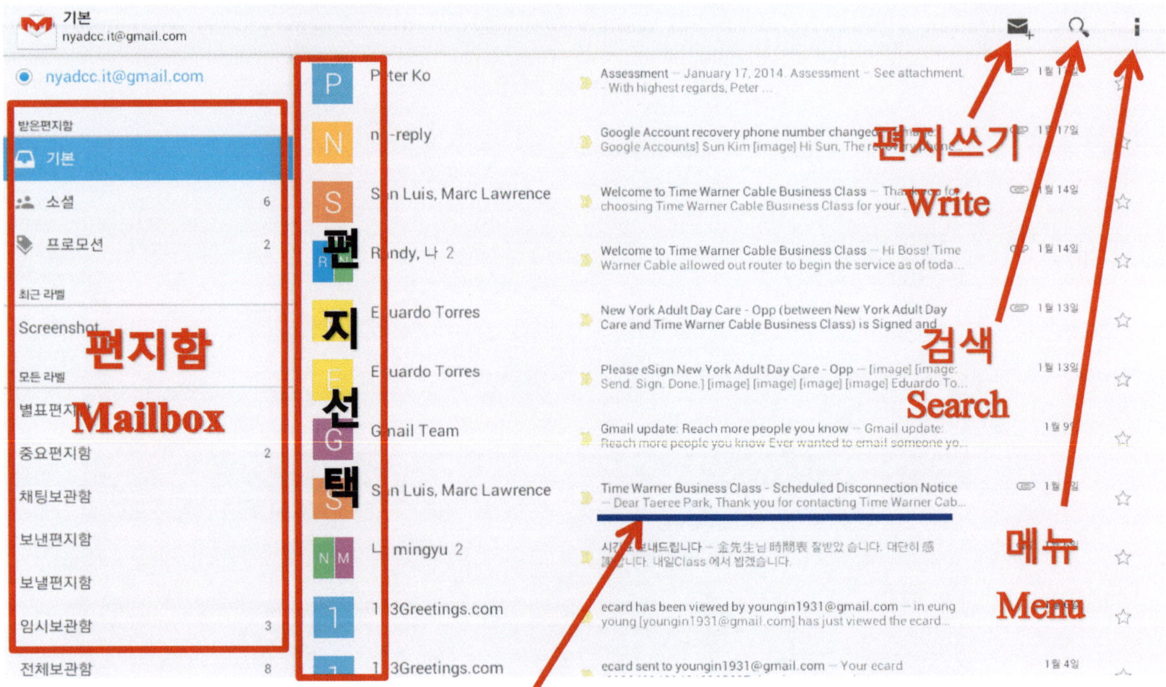

읽을 편지의 제목을 터치한다; Touch the title of letter you want to read

Figure 168 – 갤럭시 탭 2 Gmail 초기 화면

편지 읽기	편지 목록이 왼편에, 내용은 오른 편에 나타난다; List at left, contents at right 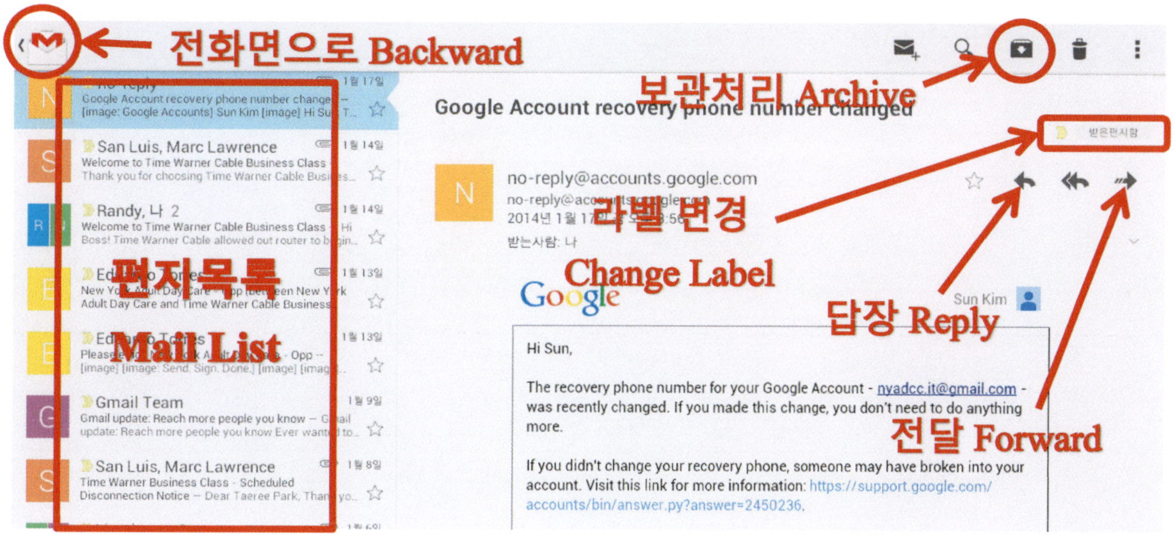 Figure 169 – 지메일 앱 편지 읽기
편지 쓰기	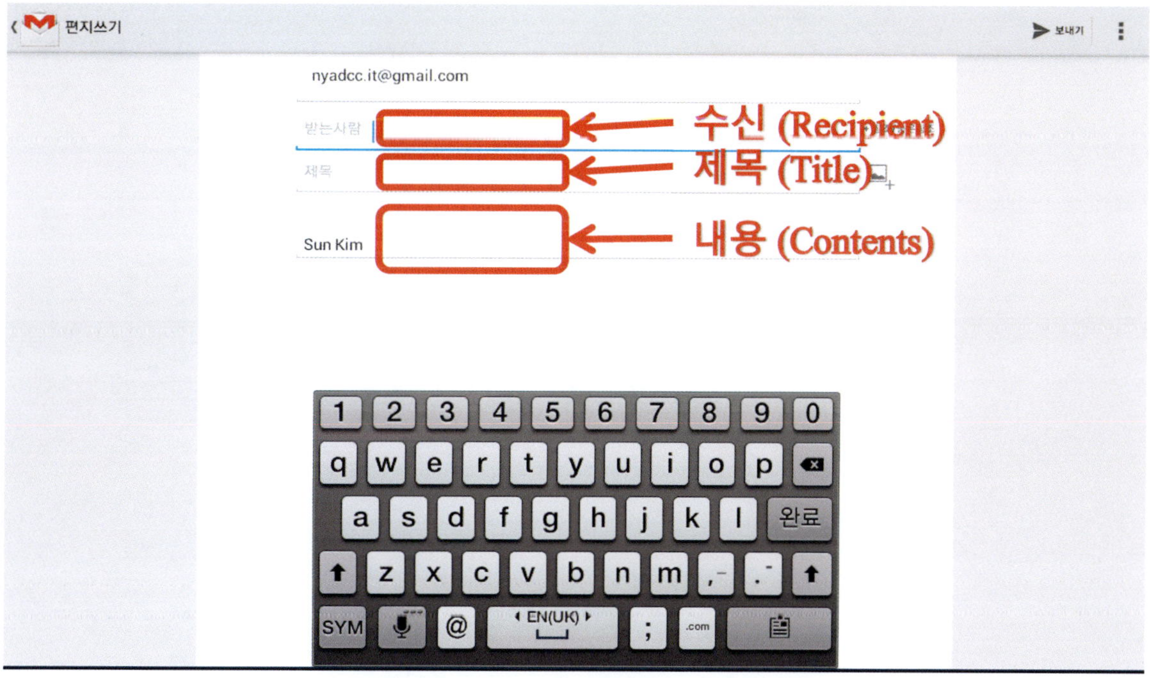 Figure 170 – 지메일 앱 편지 쓰기

Topic:	Purpose:
104.이메일 설정 (Email Setup) L-1210	일반 이메일 쓰기
Prerequisite: L-1100 Web Browser (웹 브라우저)	Memo

이메일 앱

At Home or App Screen
홈이나 앱 화면에서

Figure 171 – 이메일 앱

ID 입력 화면

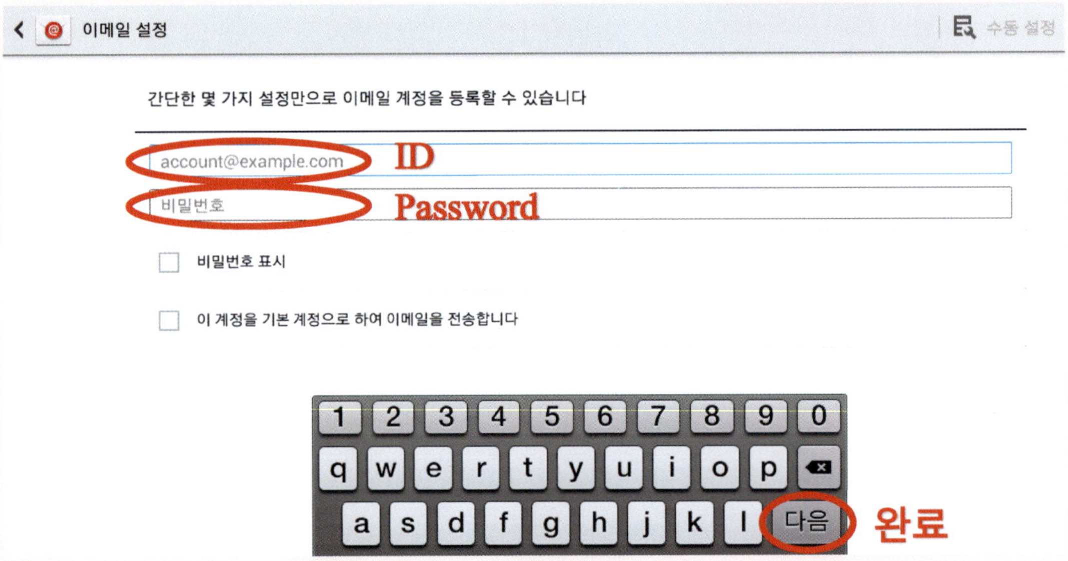

아이디와 암호를 입력하고 "완료"키를 터치;

Enter the ID & Password and touch the "Done"

Figure 172 – 이메일 ID 입력

서버 연결	 자동 진행; Nothing to do Figure 173 – 이메일 앱, 서버 연결 중
옵션 설정	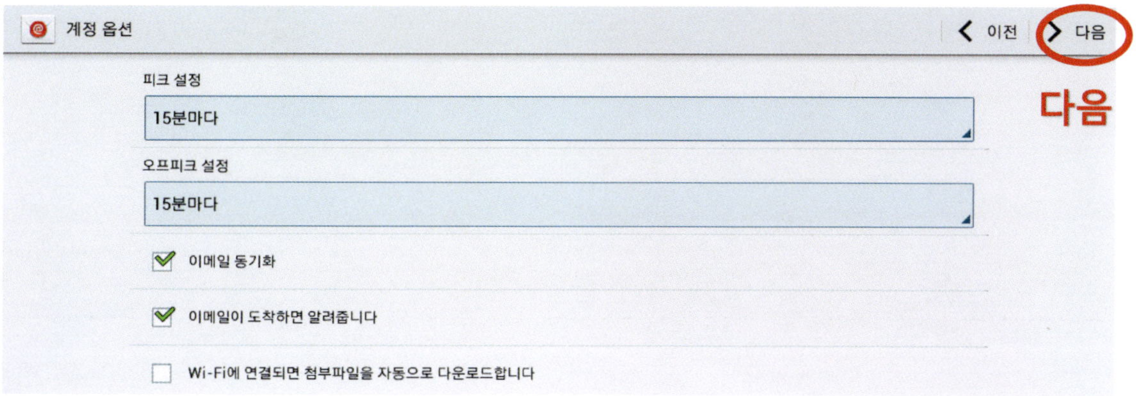 Figure 174 – 이메일 계정 옵션 설정
완료	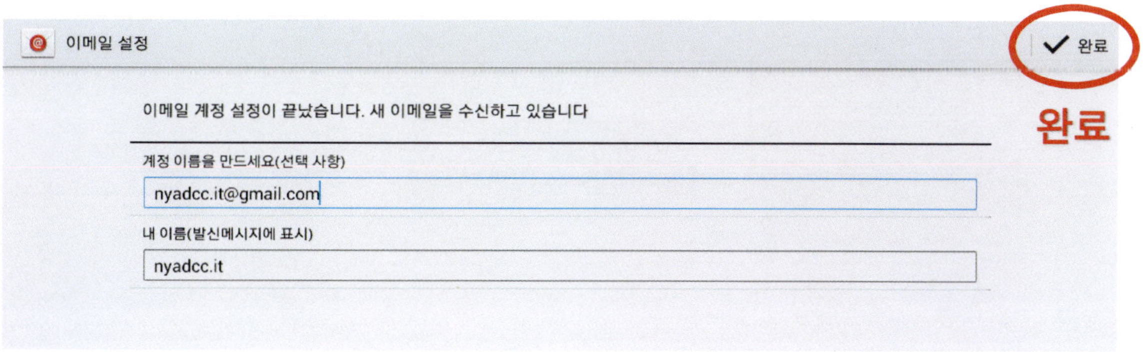 Figure 175 – 이메일 설정 완료

Topic: **105.이메일 사용 (Email) L-1220**	Purpose: 일반 이메일 쓰기
Prerequisite: L-1210 Email Setup (이메일 설정)	Memo

이메일 앱	 **At Home or App Screen** **홈이나 앱 화면에서**
초기 화면	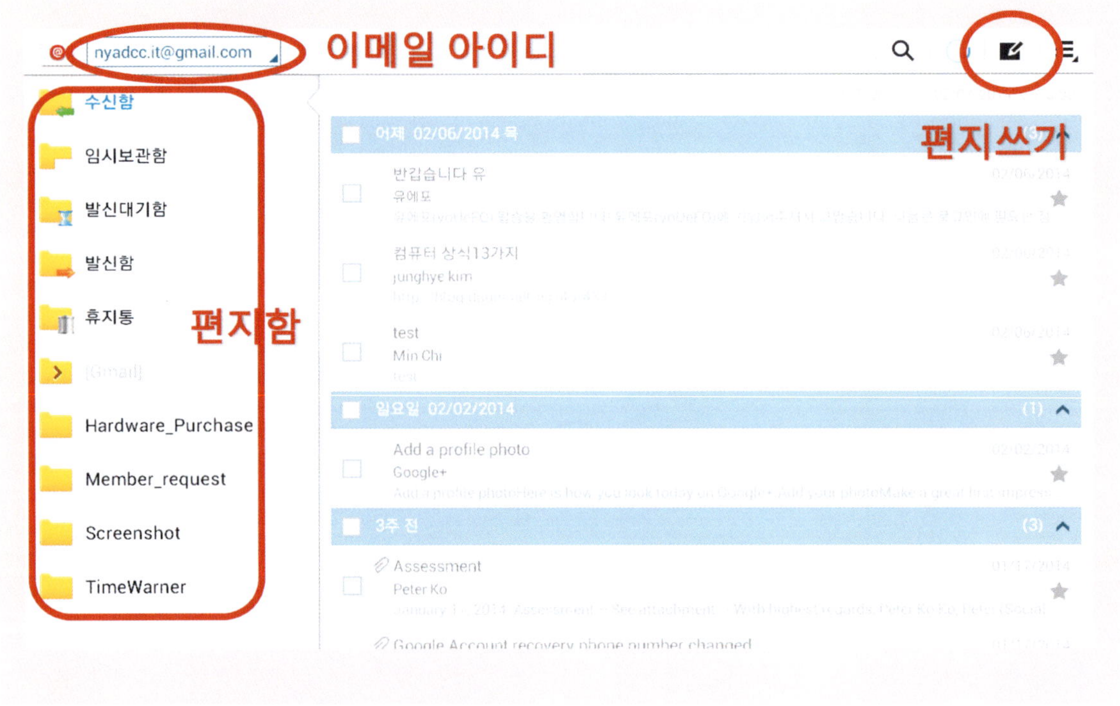 **Figure 176 – 이메일 앱 초기 화면**

편지 쓰기	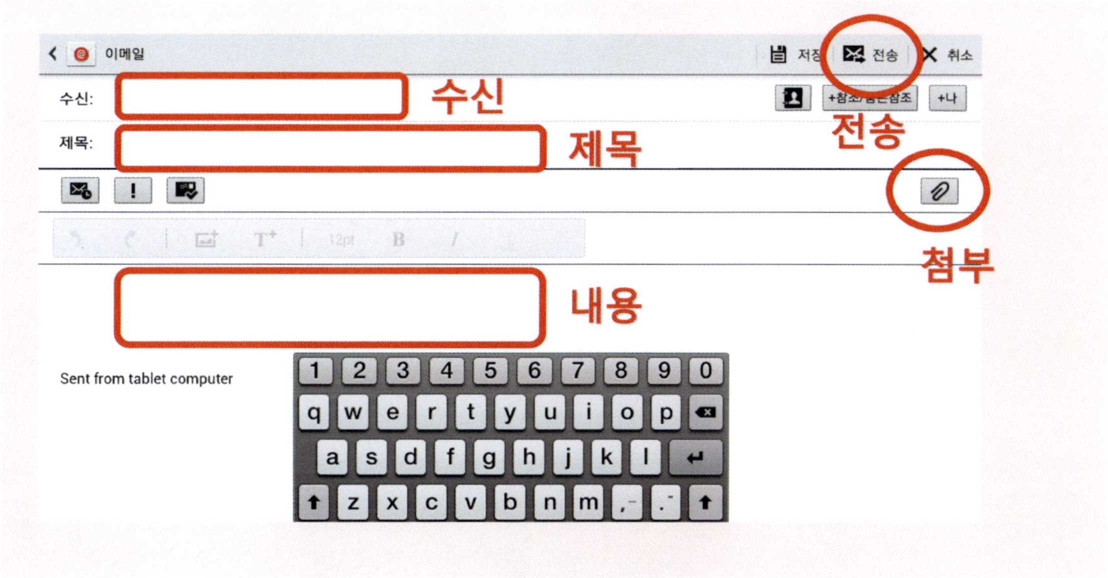 Figure 177 – 이메일 앱 편지 쓰기
특기 사항	이메일계정 한개에 대해, 이메일 앱과 지메일 앱을 동시에 사용할 수 있다 Email app may be used with Gmail app together for single email account.

Topic:	Purpose:
106.카메라 (Camera) L-1300	카메라 시작하기
Prerequisite: L-1200 Gmail (지메일)	Memo

<table>
<tr><td>카메라 앱</td><td>

At Home or App Screen
홈이나 앱 화면에서

Figure 178 – 카메라 앱
</td></tr>
<tr><td>뷰 파인더</td><td>

Figure 179 – 카메라 뷰 파인더
</td></tr>
<tr><td>특징</td><td>
<u>촬영 (Shooting)</u>
포커스를 촬영대상에 맞추고 셔터를 터치한다
Aim the focus to the shooting object and touch the shutter
<u>2 분 종료 (2 Minutes Termination)</u>
2 분간 사용하지 않으면 카메라 앱은 자동 종료된다
Camera app terminates automatically without no use for 2 minutes
<u>사진 (Pictures ()</u>
사진은 자동 저장되며, 카메라 앱이나 갤러리 앱에서 볼 수 있다
Pictures saved automatically, could be retrieved by camera app or gallery app
</td></tr>
</table>

Topic: **107.사진 보내기 (Send Photo) L-1400**	Purpose: 사진 보내기
Prerequisite: L-1300 Camera (카메라)	Memo

At Home or App Screen

홈이나 앱 화면에서

Figure 180 – 갤럭시 탭 2 앱 카메라

사진 고르기

Figure 181 – 카메라 앱 사진 고르기

사진 공유

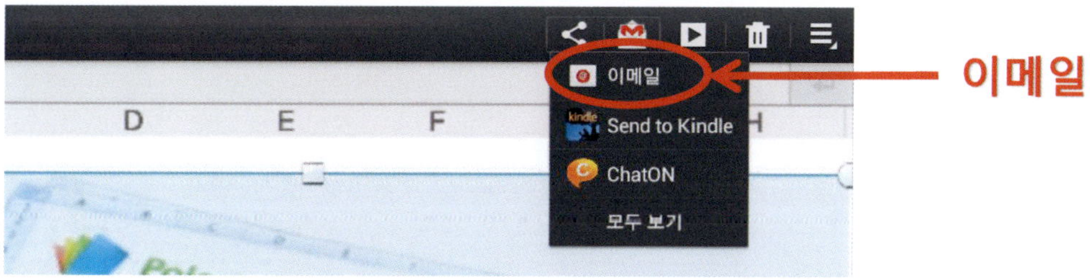

Figure 182 – 사진 공유 메뉴

조정	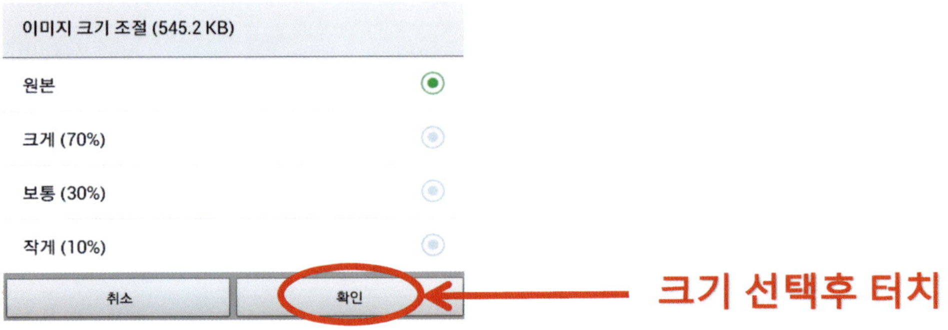 Figure 183 – 사진 크기 조정
이메일	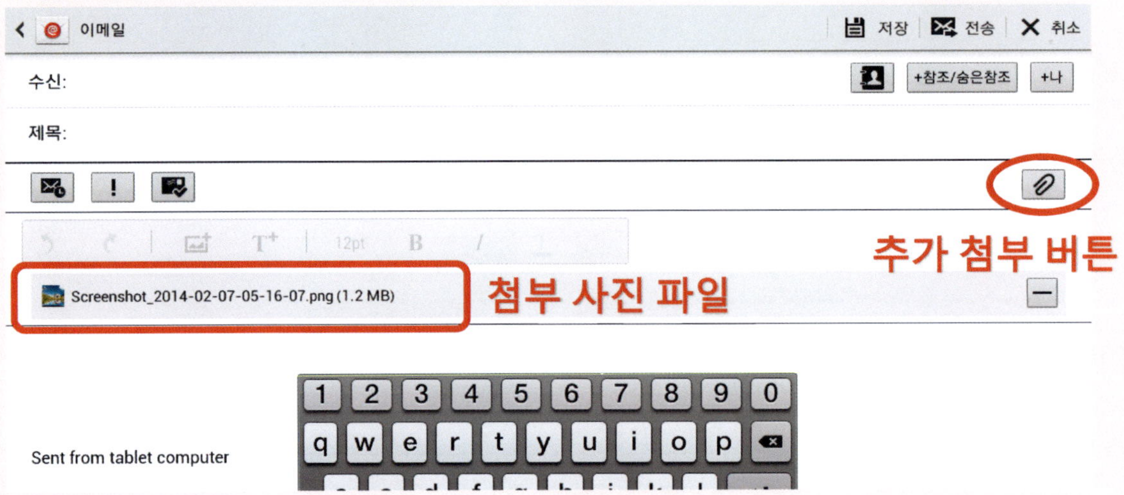 Figure 184 – 이메일 편지 쓰기 이후 일반 메일처럼 보내면 된다.

Topic: 108. 동영상 공유 (Share Video) L-1450	Purpose: 유투브에 올리기
Prerequisite: L-1400 Send Photo (사진 보내기)	Memo

카메라 에서 동영상 모드 선택	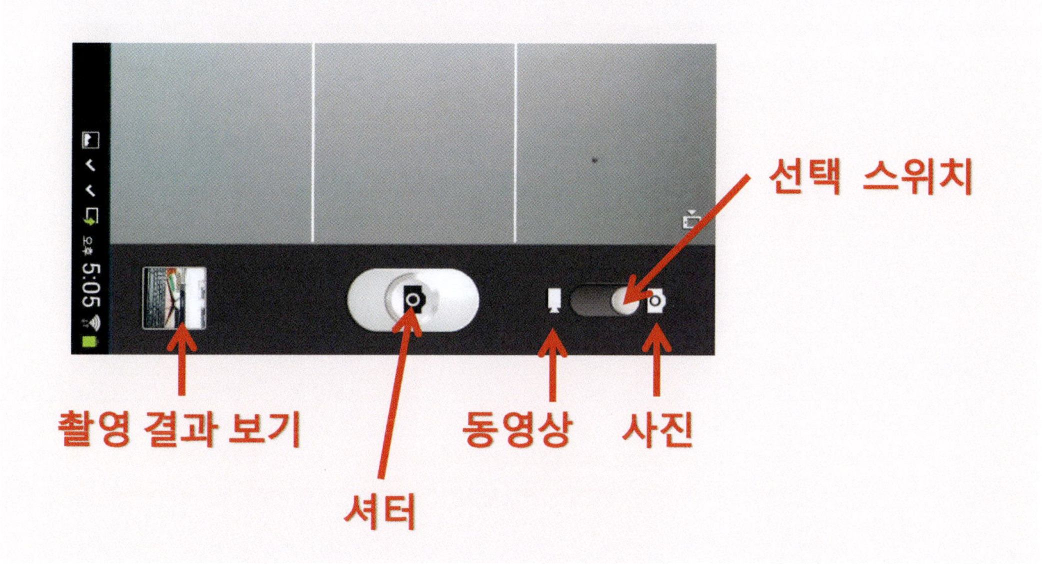 Figure 185 – 동영상 스위치 "카메라" 앱을 터치해 뷰파인더가 열리면, "선택 스위치"를 "동영상"쪽으로 옮긴다. Slide the "switch" to the "Movie" side at the "view finder" of "Camera" app.
동영상 촬영	"셔터"를 촬영 시작과 종료 버튼으로 교대 사용한다. Use the shutter as a start/stop button to take a movie clip
동영상 찾기	"촬영결과 보기"를 터치하고 방금 촬영한 동영상을 찾는다. Touch the records button to see the video just taken.

<table>
<tr><td>공유
버튼
에서
유투브
선택</td><td>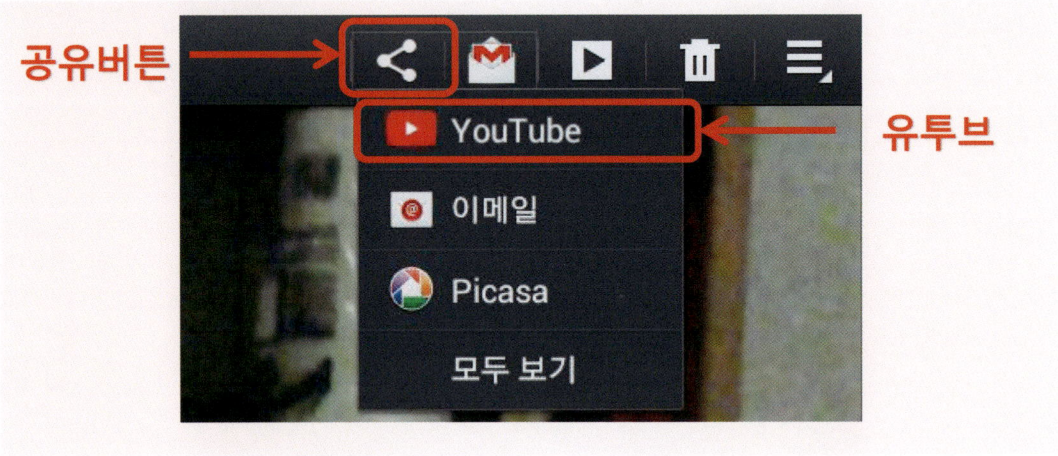
Figure 186 – 동영상 공유 버튼</td></tr>
<tr><td>올리기</td><td>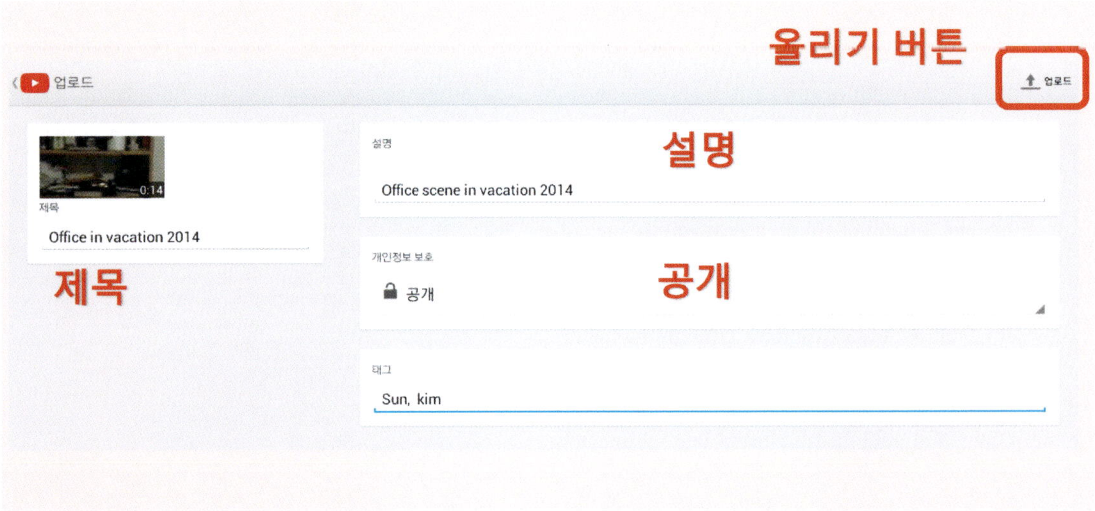
Figure 187 – 유투브 업로드 양식</td></tr>
<tr><td>다른
공유</td><td>공유 버튼에서 이메일을 선택할 수도 있으며, 이 경우 동영상 파일 사이즈가 이메일 허용 한도에 맞아야 한다 (보통 10~20 MB)

Email couldbe selected at “Share” button above. In that case, video file size should meet the maximum file size limit allowed in that email server.</td></tr>
</table>

Topic:	Purpose:
109. 갤러리-1 (Gallery-I) L-1500	갤러리 친해지기
Prerequisite: L-1400 Send Photo (사진 보내기)	Memo

갤러리 앱

At Home or App Screen

홈이나 앱 화면에서

Figure 188 – 갤러리 앱

개요

제품에 저장된 모든 사진, 동영상 파일을 확인하거나 관리할 수 있습니다.

- 폴더별로 파일을 관리하거나 사용 가능
- 선택한 파일을 다양한 방법으로 공유

  선택한 사진의 상세 보기 화면에서 → 원하는 방식 선택
- 슬라이드 재생 가능
- 선택한 사진의 간단한 편집 작업 (편집, 잘라내기, 회전 등)
- 선택한 사진을 홈 화면 및 잠금 화면, 연락처 사진으로 설정

첫 화면

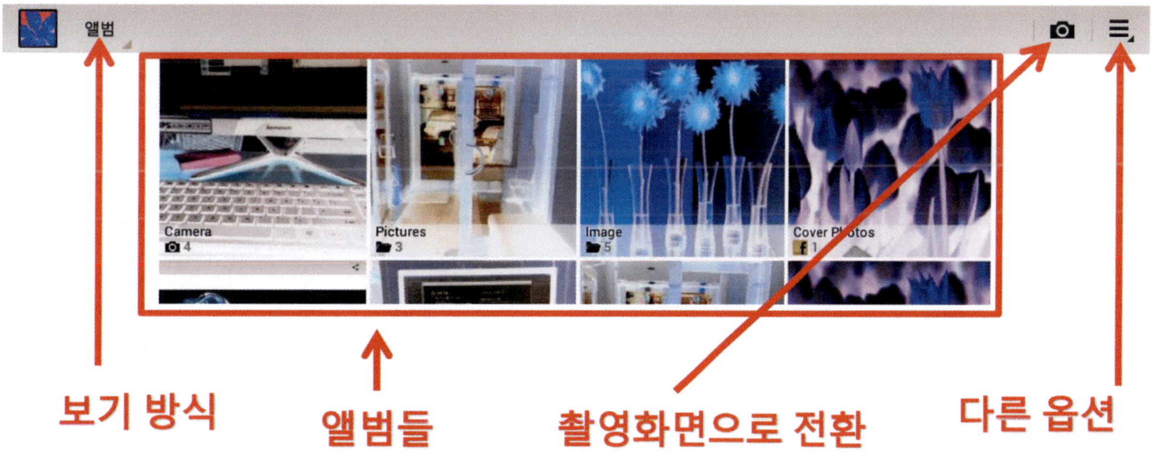

Figure 189 – 갤러리 첫 화면

보기 방식	앨범 / 위치 / 시간 / 사람 / 그룹 (기본: 앨범)
감상 요령	앨범을 먼저 선택하고 사진을 선택하여 사진을 감상하면서, 공유나 전송, 슬라이드, 삭제 등의 제어도 할 수 있다.
얼굴 태그 제어	얼굴 태그가 있는 사진의 태그 제어는 갤러리에서 할 수 있다. 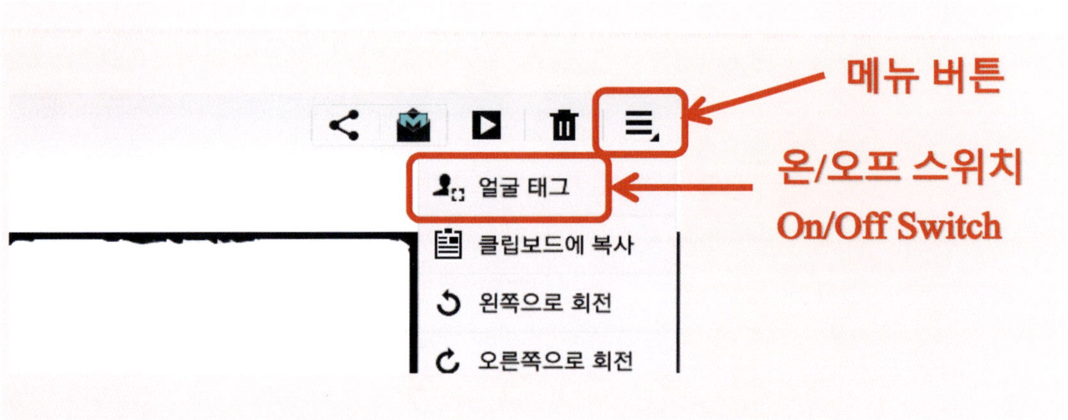 Figure 190 – 얼굴 태그 제어 스위치
참고	갤러리에서 카메라 사진 뿐 아니라 동영상과 스크린캡쳐 이미지 등 여러 종류의 이미지를 모두 볼 수 있다.

Topic: **110. 갤러리-2 (Gallery-2) L-1510**	Purpose: 사진 테두리 자르기
Prerequisite: L-1500 Gallery-1 (갤러리 - 1)	Memo

갤러리 앱	 **At Home or App Screen** **홈이나 앱 화면에서** Figure 191 – 갤러리 앱
첫 화면	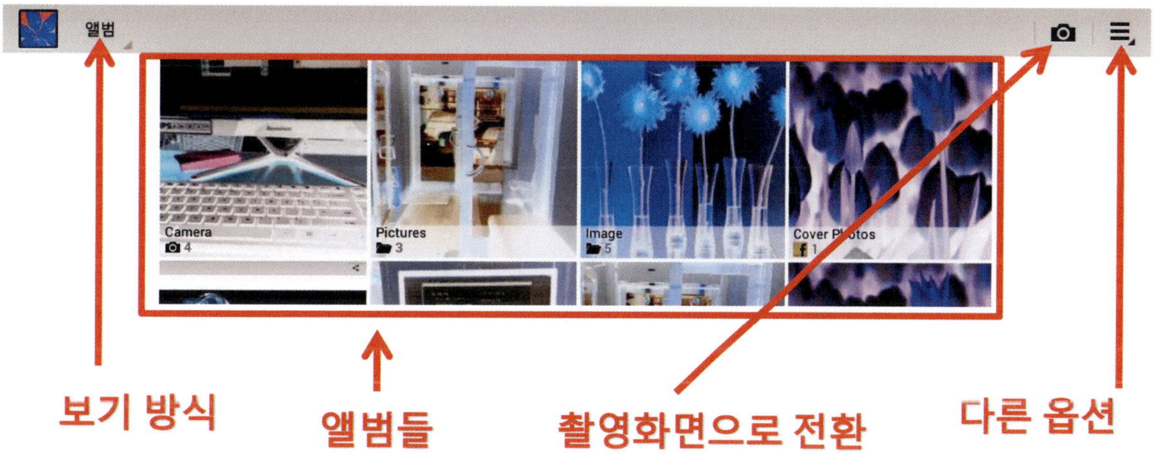 Figure 192 – 갤러리 첫 화면
앨범 고르기	원하는 사진이 들어있는 앨범을 고른다
사진 고르기	원하는 사진을 골라 내용을 감상한다

외곽선 조정	메뉴 버튼을 터치, "잘라내기"를 선택한다 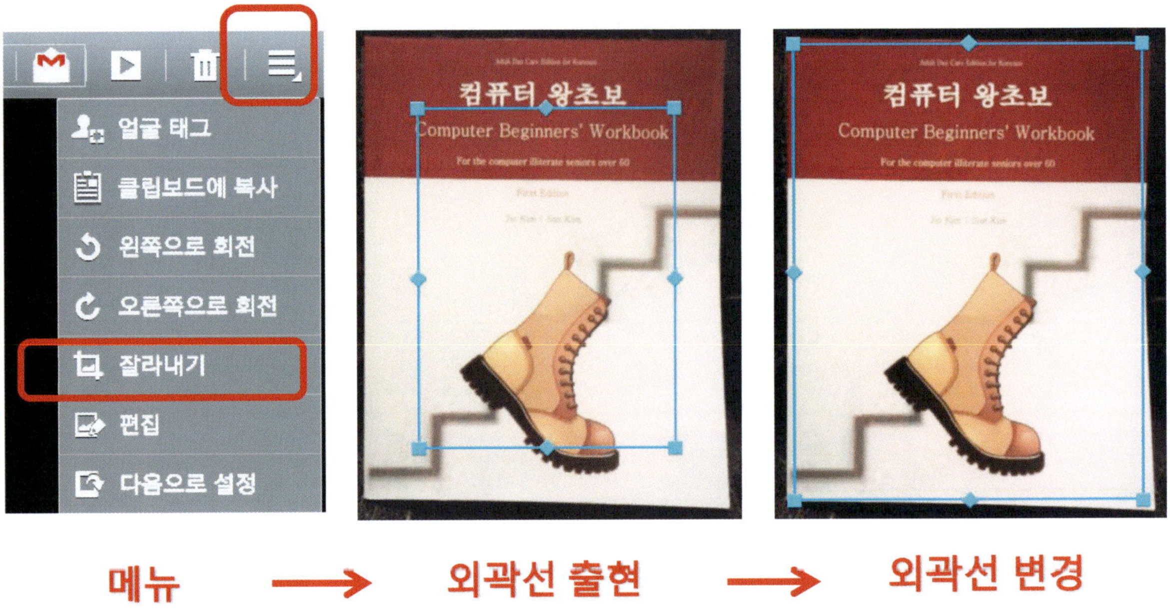 Figure 193 사진 외곽선 변경
자르기 (Crop)	외곽선 변경이 끝나면 완료 버튼을 터치한다 Touch "Done" button when the border adjustment finished 

Topic: **111. 구글 지도 (Google Map) L-1600**	Purpose: 구글 지도 사용법 숙지
Prerequisite: L-1500 Gallery-1 (갤러리 - 1)	Memo

구글 지도 앱	 **At Home or App Screen** **홈이나 앱 화면에서** Figure 194 – 구글 지도 앱
구글 지도 화면 Map Screen	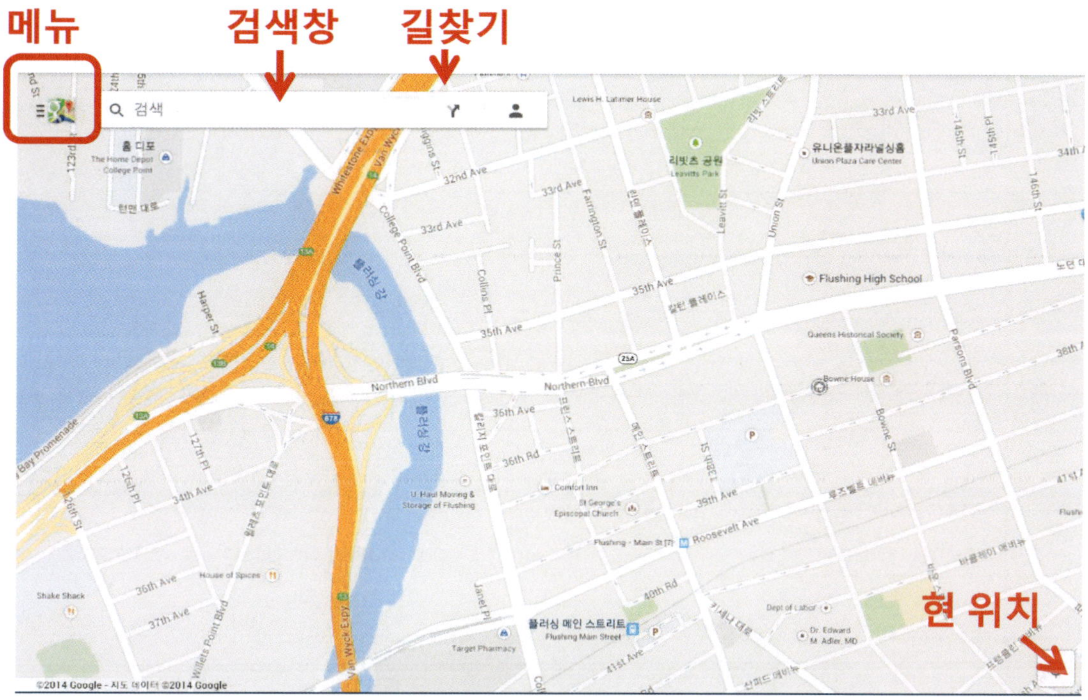 Figure 195 – 구글 지도 화면
지도 조정 요령	이동: 드래깅(Dragging) 현재 위치: 현위치 아이콘 터치 축소/확대: 두 손가락으로 좁히기/넓히기 (Pinch) 지도 방향 변경: 두 손가락으로 회전

특정 위치의 정보	지도상의 특정 지점에서 길게 누르기를 하면 주소와 소요 시간이 나온다. 주소를 터치하면 저장 버튼과 공유버튼, 소요시간, 거리보기(스트릿 뷰)가 나온다. 이 때 소요 시간을 터치해서 가는 길을 보거나, 스트릿 뷰를 터치해 크게 볼 수 있다. If you touch and hold on a specific location in a map, you can see the address and time to get there. If address is touched, then "Save" button, "Share" button and "Street View" come out. Then you may touch the time to see the route or touch street view to see the large scene. 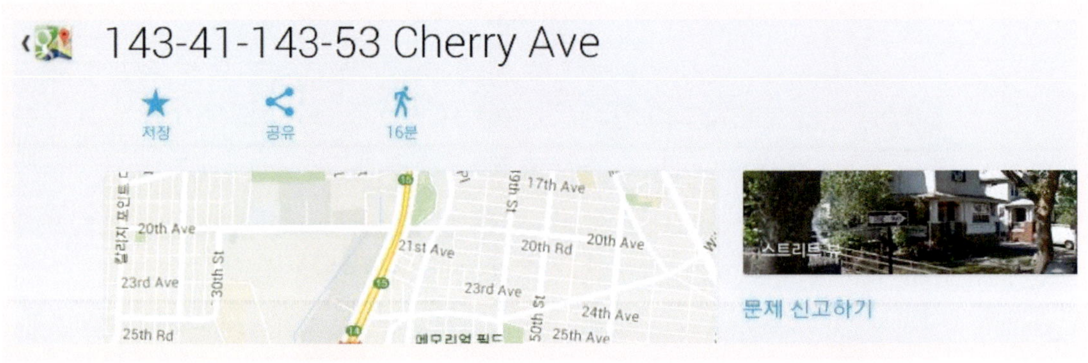 **Figure 196 - 지도상 특정 위치의 정보**
메뉴	지도 화면의 좌측 상단 메뉴 Menu is located at the upper left corner of the map screen 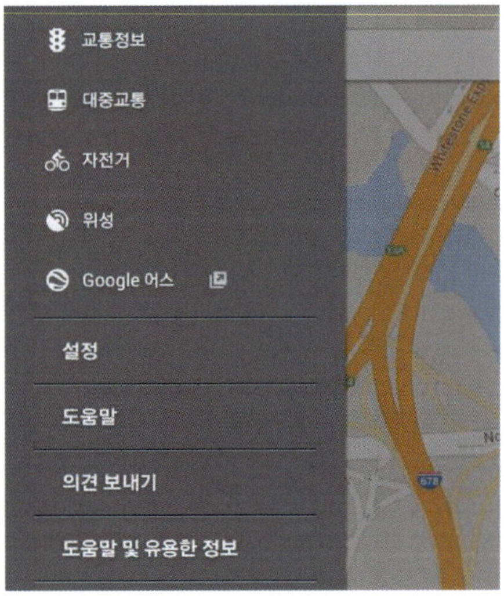

Topic: 112. 음악 연주기, 뮤직 플레이어 (Music Player) L-1700	Purpose: 음악 연주하는 법
Prerequisite: L-1500 Gallery-1 (갤러리 - 1)	Memo

뮤직 플레이어 앱

At Home or App Screen

홈이나 앱 화면에서

Figure 197 – 뮤직 플레이어 앱

음악 선택 Main Screen

1

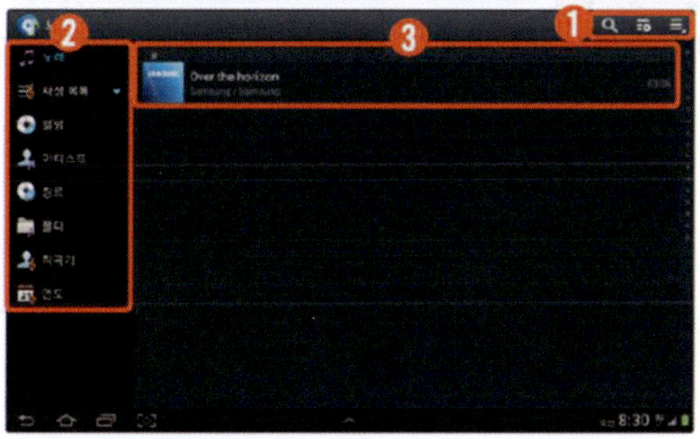

① • 검색어를 입력해 음악 검색
• 새 재생 목록 추가 또는 내 재생 목록 열기
• 삭제, 공유, 알림음으로 설정, 설정

② 원하는 카테고리 선택

③ 선택한 카테고리의 음악 파일 목록

2 목록에서 원하는 카테고리 선택

3 재생할 음악 파일 선택

• 화면 오른쪽에 재생 플레이어가 나타나고 선택한 음악 파일이 재생됩니다.

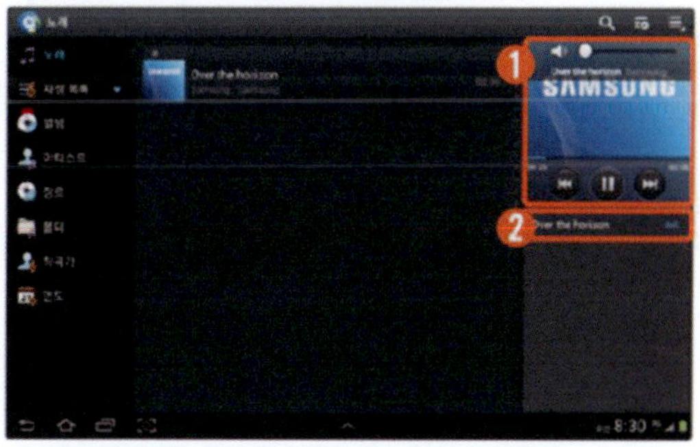

① 재생 플레이어(누르면 전체 화면으로 재생)

② 재생 중인 음악 파일의 목록

Figure 198 – 음악 선택 화면

뮤직 플레이어 제어

4 음악 듣기

- 재생 플레이어를 누르면 재생 화면의 여러 가지 기능을 활용할 수 있습니다.

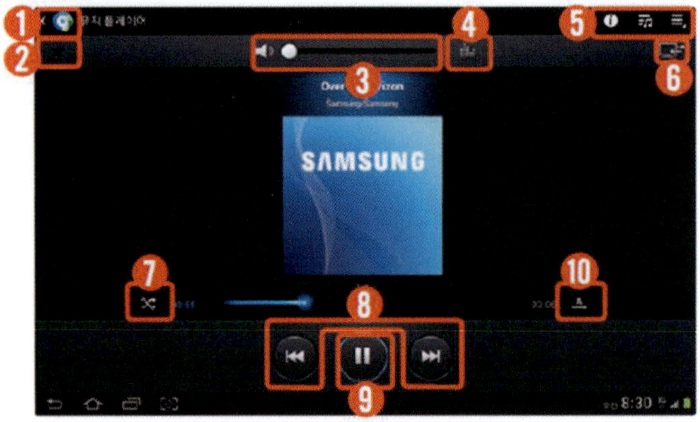

① 재생 중인 파일의 목록 화면으로 이동

② 재생 중인 파일을 **즐겨찾기** 목록에 추가
(**재생 목록** 카테고리에서 확인 가능)

③ 소리 크기 조절

④ 음향 효과 설정

⑤ • : 재생 중인 파일의 상세 정보 확인
• : 재생 목록 확인
• : 재생 목록에 추가, 블루투스로 듣기, 공유, 알람음으로 설정, 설정

⑥ 재생 중인 파일은 AllShare를 이용해 다른 기기와 공유

⑦ 순차/랜덤 재생 선택

⑧ • 짧게 터치: 이전/다음 음악 재생
• 길게 터치: 되감기, 빨리감기

⑨ 일시 정지/재생

⑩ 반복 재생 설정 및 해제
(순차 재생, 전체 반복, 한 곡 반복 설정)

알아두기

이전 곡을 재생하려면 재생 시간이 2초가 지나기 전에 누르세요.

부록(Appendix)

색인 (Index)

Computer Beginner's Workbook	아이디 / 암호 비망록	시작일 : 소유자 :

No	용도	인터넷주소(URL)	아이디(ID)	암호(Password)	비고
1	지메일	http://gmail.com			
2					
3					
4					
5					
6					
7					
8					
9					
10					
11					
12					
13					
14					
15					
16					
17					
18					
19					
20					
21					

Computer Beginner's Workbook	아이디 / 암호 비망록	시작일 : 소유자 :

No	용도	인터넷주소(URL)	아이디(ID)	암호(Password)	비고
22					
23					
24					
25					
26					
27					
28					
29					
30					
31					
32					
33					
34					
35					
36					
37					
38					
39					
40					
41					
42					

Printed in Dunstable, United Kingdom

91494710R00134